un engagement plus profond du sujet dans la relation hypnotique ne préjuge en rien d'une plus grande efficacité thérapeutique.

L'essentiel me semble donc résider dans les états de transition d'un état de conscience à un autre, que ce soit dans le cadre d'un même état de conscience – par exemple, à l'intérieur de l'état hypnotique où notre niveau de conscience varie – ou d'un état de conscience à un autre différent, qui faute de mieux s'appellera EMC.

Ces mouvances intra-états, lors de l'état de veille par exemple, dépendent de notre humeur, de nos émotions, de nos sentiments, de nos croyances ou tout simplement de nos rythmes biologiques, tout cela pouvant être influencé par notre relation à l'entourage; alors que les transitions, les passages inter-états eux, sont sous la dépendance de ce que G. Lapassade a appelé les dispositifs inducteurs d'états modifiés de conscience.

Aux cinq groupes répertoriés par Ludwig en 1966, Lapassade a très justement ajouté l'induction hypnotique, l'induction psychédélique dans laquelle il a fait entrer la culture comme contexte inducteur, la méditation.

D'autres dispositifs inducteurs, tels que l'extase mystique ou encore la transe amoureuse, ont été par la suite étudiés. A inclure également les concerts de musique rock ou encore le rap et le tag. La sophrologie, la sensibilisation sensori-motrice, l'hypnose n'en sont que des formes plus policées.

EMC et ondes cérébrales (rythme alpha)

L'électro-encéphalogramme permet de mesurer les changements apparaissant dans notre cerveau à différents moments de notre vie : veille, sommeil, rêve, etc. C'est de cette mesure qu'est née la notion d'ondes cérébrales dont le rythme de base correspond d'ailleurs à celui de l'écorce terrestre.

Les neurones de notre cerveau produisent ainsi des signaux électriques (influx nerveux) qui se transmettent par nos synapses à d'autres neurones, chaque neurone étant ainsi en relation avec des milliers d'autres, et son activité est constamment modifiée par ceux-ci.

On mesure le potentiel électrique émis en microvolts ainsi que la fréquence en cycles par seconde ou en hertz. On évalue ainsi les variations de cycles et de fréquences selon différents états ou plutôt niveaux de conscience. Les deux niveaux extrêmes étant l'hypervigilance et le coma.

La théorie des ondes cérébrales appelle zone bêta l'état de veille quand la fréquence se situe entre 32 et 14 hertz, où chaque impulsion a un potentiel qui varie entre 10 et 50 microvolts.

Dès que nous fermons les yeux et que nous nous mettons dans un état de relaxation, la fréquence devient faible et le potentiel élevé. Nous passons dans ce que l'on dénomme la zone alpha : la fréquence se situe entre 14 et 8 cycles par seconde, et le potentiel est autour de 100 microvolts. Ces ondes ont été découvertes par Hans Berger en 1924 et correspondent à une zone de frontière entre la veille et le sommeil. Cette zone présente un état de réceptivité aux suggestions dont on prétend qu'il s'agit de la zone de créativité par excellence.

Au-delà se trouve la zone thêta qui correspond à un état de méditation, de rêve, et certains affirment que c'est là que se situerait la transe hypnotique ; en tout état de cause, la plupart des sujets s'endorment dans cette zone où la fréquence est de 7 à 4 cycles par seconde et le potentiel de 200 microvolts. On constate des phases de sommeil paradoxal avec mouvements rapides des yeux (REM : Rapid Eyes Movement) qui signent l'état de rêve.

La zone suivante s'appelle delta : 3 cycles par

seconde et un potentiel variant entre 200 et 1 000 microvolts. Toutes les fonctions sont ralenties : respiration minime, rythme cardiaque très lent. Les yogis peuvent atteindre cette zone naturellement. En règle générale, le sujet se trouve dans un état de coma avec passage à un état végétatif.

On a beaucoup spéculé sur la possibilité de rattacher la zone alpha à un état de conscience particulier, notamment l'état hypnotique. Il me semble qu'il y a là une confusion entre des variations quantitatives de fréquence et de potentiel, et un état qualitativement différent.

On a pourtant découvert que le mourant et le nourrisson se trouvent en zone alpha, ce que certains n'ont pas manqué de qualifier de « processus de passage ». D'autres émettent l'hypothèse selon laquelle les zones alpha et thêta seraient génératrices de croissance cellulaire...

L'effet bénéfique des états modifiés de conscience est cependant prouvé, et nous savons que notre cerveau se met facilement au rythme des fréquences auquel il est soumis.

C'est ainsi que les Américains ont mis au point un appareil le *minds-eye* qui permet, par l'intermédiaire de lunettes et d'un casque, de bombarder d'impulsions photiques et sonores le cerveau pour qu'il ait une « réponse d'adoption » aux rythmes imposés. Grâce à des programmes différents, on arrive ainsi à induire des variations de fréquences et à mettre le sujet dans une zone alpha, thêta ou autre, selon le but recherché. Cet appareil pourrait avoir une application thérapeutique intéressant l'hypnose, car il permet au thérapeute de moduler et de contrôler le niveau de conscience du patient. Mais de là à croire que l'on peut mettre un sujet en état d'hypnose grâce à ces appareils me semble abusif, car non encore prouvé par des expérimentations sérieuses. En effet, encore une fois , il ne faut pas confondre niveau et état de conscience.

4. PSYCHISME ET IMMUNOLOGIE

Actuellement nous sommes mieux armés pour comprendre comment un état mental retentit sur le fonctionnement du système immunitaire et comment une maladie organique peut affecter le psychisme d'un individu. En effet, la prise en compte des facteurs psychologiques dans les maladies par les milieux médicaux constitue une des grandes avancées des années quatre-vingt.

Ainsi, il n'est plus rare que des traitements antidépresseurs soient prescrits à des cancéreux pour renforcer leur système immunitaire. De même, on reconnaît l'utilité des exercices de visualisation sous relaxation ou sous hypnose dans le traitement de certaines maladies qualifiées autrefois de « psychosomatiques ».

Ce nouveau domaine de recherche, situé à la jonction de l'immunologie, de la neurobiologie et de la neuroendocrinologie, étudie les interrelations entre système nerveux central, système immunitaire et système neuroendocrinien. Le langage s'en ressent d'ailleurs, comme le montre la similarité du vocabulaire employé pour décrire certaines fonctions immunitaires ou psychiques : « stimulation » ou « dépression » de l'humeur ou des fonctions lymphocytaires, réactions de « défense », distinction entre le « soi » et le « non-soi ». Il est en effet tentant de croire qu'une « dépression nerveuse » s'accompagne obligatoirement d'une « dépression immunitaire ».

Cette simplification, si abusive soit-elle, a pourtant le mérite d'introduire dans toutes les études menées actuellement, et quelle que soit la maladie envisagée, des paramètres psychocomportementaux, immunologiques et cliniques. Ces interactions ont longtemps été attribuées à « la grande famille des hormones du stress », qui permettait d'expliquer toute une gamme de comportements réactionnels dépendant des modes d'activation hormonale. Mais le modèle réducteur du stress n'offre plus aujourd'hui de critères pertinents permettant d'expliquer les raisons et les médiations qui font que les mêmes situations peuvent soit inhiber, soit exacerber les défenses immunitaires.

Ainsi la psycho-neuro-immunologie ou encore la neuro-immuno-modulation, c'est-à-dire l'ensemble des recherches concernant les interactions entre émotions et maladies, psychisme et corps, permet d'entendre les plaintes somatiques dans leurs significations psychologiques et de cesser de considérer les émotions comme des éléments gênants, qu'il faut éliminer dans le cadre des recherches biologiques. Elle fait mieux comprendre les mécanismes biologiques dans un contexte psychologique particulier.

La psychobiologie de la guérison du corps par l'esprit, le *mind-boy healing* des Anglo-Saxons, se définit comme la recherche des mécanismes par lesquels une psychothérapie peut entraîner des modifications biologiques.

L'hypnose du fait de sa position privilégiée à l'intersection des phénomènes psychiques et somatiques a permis d'ouvrir des voies de recherches originales en psychologie, surtout après les récentes découvertes en psycho-neuro-immunologie. Cette dernière fournit le lien manquant entre les théories psychologiques permettant de comprendre l'importance du psychisme dans le traitement des maladies et les nombreuses observations cliniques des praticiens.

Il est évident que ces nouvelles approches de guérison du corps par l'esprit ne se réduisent pas uniquement à la thérapie hypnotique, bien que celle-ci reste le modèle auquel se réfèrent les différentes approches thérapeutiques. L'hypnose, en effet, pratiquée depuis plus de deux cents ans maintenant – Mesmer serait le premier thérapeute « scientifique » – reste cependant un sujet de controverse quant à sa nature. Malgré les nombreuses preuves cliniques que les hypnothérapeutes n'ont pas cessé d'accumuler et d'apporter, ce scepticisme se manifeste encore sous la forme de propos, tels que « l'hypnose agit comme un placebo » ou « l'hypnose, c'est de la suggestion ».

a) la « transduction » de l'esprit vers le corps

La psycho-neuro-immunologie permet de mieux comprendre comment l'esprit peut « faire bouger » des molécules à travers le rôle central du système hypothalamo-limbique qui sert de médiateur et de modulateur dans les processus psychobiologiques émotionnellement chargés.

On distingue actuellement quatre grands systèmes de ce que l'on a appelé la transduction de l'information. Transduction est un terme anglo-saxon qui prend son origine dans le processus de conversion ou de transformation d'une énergie en une autre : les ailes du moulin transforment l'énergie du vent en énergie mécanique qui grâce à un générateur se « transduit » en énergie électrique pour se transformer en lumière dans une ampoule électrique. Ce concept remonte aux sources mêmes de l'hypnose thérapeutique puisque Bernheim parlait déjà de « la transformation d'une idée reçue en acte », grâce aux réflexes idéosensoriels et idéomoteurs.

Grâce à l'étude de la transduction de l'information, l'hypnose est apparue comme une variable importante dans la mise en action de ce processus de transduction où le système hypothalamo-limbique est le transducteur (le transformateur en quelque sorte) le plus important dans la communication de notre esprit avec notre corps.

Quatre grands systèmes ont été distingués :

– le système nerveux autonome (sympathique et parasympathique),

– le système endocrinien,

– le système immunitaire,
– le système des neuropeptides.

L'avancée de la recherche en psychologie consiste en une plus grande compréhension de la communication entre ces quatre systèmes et de leur intervention dans le déclenchement de la maladie. L'hypnose, quant à elle, nous permettra de trouver les moyens psychologiques thérapeutiques les plus adéquats, pour intervenir sur les processus de transduction afin de rétablir l'équilibre corporel.

b) le système nerveux autonome

Sans entrer dans des considérations anatomophysiologiques précises, on sait que l'hypothalamus maintient des connexions très étroites avec ces quatre systèmes. Il est par ailleurs la voie effectrice majeure du système limbique et intègre les fonctions sensorielles, perceptives, émotionnelles et cognitives du psychisme de la biologie du corps. Puisque le système limbique est dans un processus de changement continuel de ses états psycho-neuro-physiologiques, tous les apprentissages associés à lui dépendent donc d'un état particulier de conscience que les Anglo-Saxons ont appelé *state-dependent learning* : l'apprentissage dépendant d'un état de conscience.

1. La relation de l'hypothalamus avec le système sympathique permet au système nerveux autonome de jouer un rôle majeur dans les effets biologiques de l'hypnose.

2. Dans la relation de l'hypothalamus avec le système endocrinien de nombreuses cellules de différentes glandes de l'hypothalamus « transduisent » l'information neuronale du psychisme en processus somatiques.

3. La relation de l'hypothalamus et du système immunitaire.

L'ère de la psycho-immunologie est ainsi née, et la

compréhension des interactions entre le système nerveux et le système immunitaire donne raison aux chercheurs biologistes qui peuvent enfin « objectiver » les phénomènes émotionnels et aux psychanalystes qui soulignent le rôle primordial de l'affectivité dans le développement d'une maladie somatique.

Communication entre le système nerveux et le système immunitaire

Les relations entre la sensibilité individuelle, le vécu, le stress et la sensibilité à la maladie sont connues depuis fort longtemps, mais sont restées inexplicables. En effct, comment certains stress peuvent-ils déclencher ou favoriser des pathologies somatiques en modifiant l'homéostasie ou l'équilibre immunitaire? Peut-on conditionner les réponses immunitaires ou intervenir pour qu'elles soient plus efficaces?

Toutes ces questions ne sont pas encore résolues, mais déjà les mécanismes des interactions et des échanges de messages entre différents systèmes commencent à être connus.

Les cellules impliquées dans les défenses immunitaires

Lorsqu'un agent pathogène – un antigène – pénètre dans notre corps, une première ligne de défense se met en place afin d'intercepter l'intrus; ce sont les macrophages situés sous la peau et dans les muqueuses.

Ces cellules captent les microbes, les digèrent et les présentent en petits fragments aux lymphocytes. Les lymphocytes sont différenciés en lymphocytes T, responsables de l'immunité cellulaire et dont la maturation se fait dans le thymus, et en lymphocytes B, responsables de l'immunité humorale et dont la maturation se fait dans le foie fœtal, puis dans la moelle épinière (*bone marrow* en anglais).

Les lymphocytes T, stockés dans la rate et dans les ganglions lymphatiques, sont les premiers à entrer en jeu et viennent aider les macrophages, au contact desquels ils se multiplient, et détruisent les cellules infectées (lymphocytes cytotoxiques); ils aident également d'autres cellules à intervenir, notamment les lymphocytes B, qui deviennent capables de produire des anticorps se fixant sur l'antigène, afin de le neutraliser et de le détruire par une série de réactions complexes. Les lymphocytes, comme d'autres cellules du système immunitaire, ont la capacité de garder en mémoire les caractéristiques de l'antigène, ce qui leur permet de réagir beaucoup plus rapidement et efficacement lors d'une nouvelle invasion *(state-dependant memory).*

D'autres lymphocytes spécialisés, dit « nuls », non B non T, interviennent, lorsque notre propre corps produit des cellules tumorales, pour les détruire; ce sont les cellules NK, les cellules tueuses naturelles *(natural killer).* Nous avons ainsi deux familles de lymphocytes, les cellules B qui secrètent les immunoglobines et les cellules T qui sont probablement les cellules les plus importantes du système immunitaire, avec leurs deux populations cellulaires : les cellules effectrices cytotoxiques et les cellules régulatrices, inductrices ou suppressives, sans lesquelles le système immunitaire ne pourrait pas être contrôlé.

Toutes les cellules intervenant dans les réactions de défense immunitaire savent ce que les cellules précédentes ont accompli et se rendent en ordre bien précis sur le « champ de bataille ». Il existe en effet, tout un système de « messagers » qui informent continuellement les cellules entre elles, coordonnant le renforcement des défenses : ce sont les cytokines (les lymphokines) qui sont sécrétées par les lymphocytes et les macrophages. On est donc en présence d'un système parfaitement autorégulé et capable de fonctionner indépendamment de l'organisme qui l'héberge. C'est d'ailleurs cette possibilité de fonctionner *in vitro* qui a fait croire pendant longtemps que le système nerveux n'avait aucune influence sur le système immunitaire.

Aujourd'hui nul ne saurait contester que le système nerveux est doté d'un pouvoir de modulation sur les fonctions immunitaires (d'où le nom de neuro-immuno-modulation), de même que le système immunitaire est capable d'informer en permanence le système nerveux sur son propre état de fonctionnement.

c) influences du cerveau sur le système immunitaire

La véritable histoire de la psycho-immunologie a commencé au début des années quatre-vingt quand les anatomistes se sont intéressés à l'innervation des organes lymphoïdes. On savait déjà que ces organes (la rate, les ganglions lymphatiques et le thymus) étaient innervés par le système nerveux sympathique. Mais D. Felten, en 1985, mit en évidence le fait que cette innervation ne suivait pas seulement le trajet des vaisseaux sanguins qui irriguent ces organes, mais que les filets nerveux s'écartent des arborisations vasculaires pour aller innerver les zones dans lesquelles se trouvent les lymphocytes en maturation. On trouve par exemple de nombreuses terminaisons nerveuses dans la pulpe blanche de la rate où sont concentrés les lymphocytes T et B. Le système nerveux serait ainsi capable d'avoir des relations très étroites avec les cellules effectrices des réactions allergiques : les mastocytes.

Mais la psycho-immunologie a véritablement fait un bond en avant ces dernières années, quand on a découvert que les lymphocytes possèdent des récepteurs membranaires à la plupart des neurotransmetteurs et des peptides connus, ainsi que des récepteurs intracellulaires pour les hormones stéroïdes. Les lymphocytes deviennent ainsi de véritables cellules cibles qui ont des caractéristiques biochimiques comparables à celles des récepteurs localisés sur les membranes des divers neurotransmetteurs du cerveau. C'est ainsi que si l'on modifie les quantités de neurotransmetteurs présents dans l'organisme, les réponses immunitaires vont être altérées; si l'on détruit sélectivement les terminaisons nerveuses sympathiques de la rate, on assiste à une diminution de la production d'anticorps spécifiques, alors que l'administration d'un médicament qui stimule les récepteurs alpha-adrénergiques situés sur la membrane des lymphocytes B entraîne une augmentation de la production d'anticorps (Besedovski et coll. 1979 - Felton et coll. 1981).

La psycho-immunologie a permis de mettre en évidence une asymétrie interhémisphérique dans la modulation exercée par le cerveau sur le système immunitaire. La spécialisation hémisphérique est bien connue actuellement : le cerveau gauche qui domine chez le droitier est le siège de la rationalité (le langage, les capacités d'abstraction), l'hémisphère droit, lui, contrôle la représentation spatiale. Les émotions négatives (peur, chagrin, douleur) sont traitées par ce dernier, alors que les émotions positives (joie, plaisir) sont l'apanage du cerveau gauche.

Une étude intéressante a été menée sur la fréquence des maladies immunes chez les gauchers par Geschwind et Behan, qui parviennent en 1982 à la conclusion que la fréquence des maladies immunes est deux fois et demie plus élevée chez les gauchers que chez les droitiers.

Kathleen Bizière note dans les années soixante-dix que les malades ayant fait un accident cérébral vasculaire à l'hémisphère gauche ont davantage de complications infectieuses que ceux dont l'hémisphère droit avait été atteint; en 1985 poursuivant ses recherches avec Gérard Renoux, elle entreprend une série d'expériences testant les répercussions immunitaires de lésions unilatérales du cortex cérébral chez la souris et ils arrivent à la conclusion que les lésions du cortex gauche dépriment les réponses d'immunité cellulaire alors que celles de l'hémisphère droit n'ont pas d'influence ou, au contraire, augmentent l'immunité cellulaire.

P. Neveu, à Bordeaux, a reproduit les mêmes expériences et est parvenu aux mêmes conclusions concernant l'immunité cellulaire, montrant de plus en plus que la latéralisation corticale affecte également la production d'anticorps et l'activité oxydatrice des macrophages.

d) influences du système immunitaire sur le cerveau

La reconnaissance de l'influence du système immunitaire sur le psychisme, à travers l'activité neuroendocrinienne, est une démarche qui semble plus facile pour l'esprit « scientifique » des chercheurs.

Dans les années soixante-dix, cette influence est mise en évidence par les travaux de Besedovski et Sorkin qui observent, après l'injection d'un antigène standard à des animaux de laboratoire, une augmentation des taux plasmatiques de corticostérone et une chute des taux de noradrénaline dans la rate au moment où la production d'anticorps est au maximum; des décharges neuronales dans certaines zones de l'hypothalamus sont également enregistrées. Ces travaux ont entraîné un foisonnement d'études ayant pour but l'identification des substances responsables de ces modifications hormonales. On a pu ainsi découvrir des facteurs solubles, appelés médiateurs, qui sont sécrétés par les cellules de l'immunité et qui renseignent constamment le cerveau sur la réponse apportée par l'organisme face à des agents pathogènes.

D'autres facteurs hormonaux qui ne sont pas encore tous identifiés participent de cette rétroaction entre le système immunitaire et le système nerveux central; on les regroupe sous le nom de peptides hormonaux.

Ces nouvelles données, qui pourraient avoir des effets insoupçonnés, bouleversent nos conceptions sur l'action des médicaments ainsi que sur la pathogénie des maladies. Par exemple, en ce qui concerne le processus irréversible du vieillissement, caractérisé par une baisse des capacités immunitaires et une sensibilité accrue aux maladies, on peut obtenir chez des animaux âgés une reconstitution immunitaire comparable à celle du jeune animal en les exposant à l'hormone de croissance ou à la prolactine. Le vieillissement immunitaire serait donc une conséquence du vieillissement endocrinien.

Ces interrelations entre le cerveau et le système immunitaire permettent d'envisager les rapports existants entre le stress et l'immunité.

De nombreuses observations cliniques ont montré que les stress psychologiques (deuil, perte d'emploi...) peuvent favoriser l'apparition de maladies somatiques, notamment des maladies cancéreuses, auto-immunes et infectieuses.

Afin de comprendre les mécanismes de cette influence, de nombreux modèles ont été proposés depuis la théorie d'Alexander (1952) – le père de la découverte psychosomatique – qui avait imaginé qu'en fonction de notre personnalité, nous exprimions divers types de maladies. On les a regroupés de manière un peu schématique en modèles mécanistique, biologique et biopsychosocial. Néanmoins, ils ne prennent véritablement leur sens qu'à travers les récentes données de la neuro-immunomodulation.

On s'attend, en général, à ce que le stress diminue les défenses immunitaires. Or, on a observé des effets divergents selon les protocoles utilisés lors des expérimentations sur l'animal comme sur l'homme. C'est ainsi que chez l'animal, un stress inévitable (transitoire et unique) entraîne une diminution des défenses immunitaires, mais que sous l'effet des stress répétés ou prolongés, grâce au phénomène d'adaptation, le stimulus nociceptif n'a pas d'effet évident sur l'immunité ; parfois même, les réactions de défenses immunitaires sont renforcées (Keller et coll. – 1981).

Chez l'homme, les expériences pratiquées sur des groupes soumis à des stress transitoires, mais importants (étudiants en période d'examens, couples traversant une crise conjugale, décès du conjoint, difficultés d'ordre professionnel, licenciement) font ressortir une baisse de l'immunité cellulaire et une augmentation des titres des anticorps contre les virus qui sont déjà présents dans l'organisme. Mais la relation temporelle simple n'existe pas toujours entre ce que l'on appelle parfois les « événements vitaux » et leurs conséquences éventuelles sur le système immunitaire. Par exemple, lors du tremblement de terre en Arménie, le suivi des rescapés n'ayant présenté aucune pathologie lors du séisme et pendant les six premiers mois a montré une nette prévalence de maladies psychosomatiques dans les années suivantes comparativement à un groupe témoin.

On a montré également que les défenses immunitaires peuvent être renforcées dans certaines circonstances : les études réalisées sur les experts-comptables américains lors du surcroît de travail engendré par l'établissement des déclarations fiscales ont montré une nette augmentation de leurs défenses immunitaires pendant cette période de surmenage.

e) la relation de l'hypothalamus avec le système des neuropeptides

Ce système n'est pas encore reconnu par tous les chercheurs comme un système indépendant, mais le fait de l'étudier d'une façon autonome permet de mieux comprendre les mécanismes de la psycho-immunomodulation.

Les neuropeptides – cinquante molécules sont actuellement répertoriées – sont sécrétés par le cerveau (endorphines et enképhalines), par les terminaisons nerveuses afférentes (substances P, considérées comme un messager de la douleur et de la somatostatine) et par le tube digestif (cholécytokinine, gastrine, le VIP ou *vasoactive intestinal peptide*).

Toutes ces données sur la psycho-immunologie permettent actuellement d'argumenter d'une façon plus scientifique les possibilités d'interaction entre l'apparition d'une maladie et l'état mental d'un sujet.

Cet enthousiasme a entraîné des expériences chez certains thérapeutes qui ont vu là la possibilité de tenter des études : à Dallas, par exemple, Carl et Stéphanie Simonton, respectivement radiologue et psychologue, proposent aux patients cancéreux une technique d'imagerie mentale combinée à la relaxation. Les patients doivent s'imaginer leurs cellules tumorales affaiblies attaquées par des cellules tueuses naturelles pleines de vigueur.

En tout cas, une réhabilitation du psychisme est en route dans beaucoup de centres anticancéreux où l'on tient de plus en plus compte de l'aspect psychique de la maladie cancéreuse, bien que l'on n'ait pu encore déterminer quel profil psychologique pouvait entraîner telle ou telle maladie.

Conditionnement des réponses immunitaires et hypnose

Des auteurs russes, dans la droite lignée de l'école pavlovienne, ont appliqué les premiers le modèle du conditionnement à l'étude des réponses immunitaires. Les premières expériences ont été menées par Metalnikov et Chorine dans les années vingt à l'Institut Pasteur de Paris où ils ont essayé de conditionner des aspects de la réponse de l'organisme d'un animal à l'infection en prenant en considération la modification de la formule leucocytaire et la sécrétion d'anticorps. En grattant systématiquement l'oreille d'un lapin avant une injection intrapéritonéale de germes microbiens atténués par la chaleur, ils ont constaté que le grattage de l'oreille pouvait entraîner à lui seul la réaction lymphocytaire déclenchée par l'injection. La preuve de la mémoire des cellules du système immunitaire fut ainsi apportée, mais n'eut pas beaucoup d'écho chez les immunologistes de l'époque; la possibilité de conditionner le système immunitaire tomba ainsi dans l'oubli pendant une cinquantaine d'années.

En tout état de cause, l'existence de l'influence de la suggestion (qu'elle soit hypnotique ou non) sur les réponses immunitaires n'est plus niée actuellement par les chercheurs. Tous ces travaux datent d'une époque où l'intérêt pour la psycho-immunologie n'était pas à l'ordre du jour chez les expérimentateurs qui continuent souvent à nier la possibilité d'intervention sur le système immunitaire par la pensée. Le caractère « aléatoire » de ces travaux est mis en avant, malgré les nombreuses connexions entre le système nerveux et le système immunitaire.

« Les influences nerveuses sur l'immunité ne sont pas dues au hasard : elles représenteraient le corrélat inévitable de la régulation extrinsèque de fonctionnement des organes et des cellules lymphoïdes par le système nerveux » (Dantzer, 1989).

III

LES MOYENS DE L'HYPNOSE

Comment arrive-t-on à mettre un patient en état de transse hypnotique ? La technique la plus répandue est la suggestion, n'en déplaise aux détracteurs de la méthode Coué ! Plus sérieusement, la suggestion répond à des lois précises. Mais la suggestion de l'hypnotiseur est d'autant plus efficace que son patient a une grande suggestibilité, c'est-à-dire qu'il est plus réceptif à la parole de l'hypnotiseur. D'autres facteurs, tels que l'hypnotisabilité, les capacités de visualisation et d'imagerie mentale jouent un grand rôle dans la conduite d'une séance hypnotique.

1. LA SUGGESTION

Apparu dans la langue française en 1174, le mot « suggestion » reste jusqu'en 1860 associé à des pratiques machiavéliques d'envoûtement et de sorcellerie. Mesmer lui enlève son odeur de soufre avec le magnétisme animal. Pour la première fois la suggestion entre dans le domaine du traitement d'une personne par une autre.

Mais ce n'est qu'à la fin du XIXe siècle que le mot « suggestion » acquiert une nuance « en bonne part » pour reprendre la définition du Littré grâce à l'école de

Nancy, à Bernheim et à l'invention de la psychothérapie.

Mais les vieilles croyances ont une vie dure et il est intéressant de noter que la suggestion revêt encore de nos jours une connotation péjorative dans son acception courante, qu'elle soit politique ou médicale.

La suggestion est pourtant à mes yeux un phénomène psychologique d'une extrême importance, qui n'a pas été suffisamment étudié scientifiquement.

En tout cas, elle n'est ni un quelconque état pathologique, ni une anomalie qu'on introduit dans la conscience d'un sujet. Elle n'a rien de commun avec la sujétion, la soumission ou l'assujettissement.

a) quelques approches

C'est une idée réalisée, ...

Cette notion « d'idée introduite dans le cerveau et acceptée par lui » a été développée par Bernheim qui voyait aussi dans la suggestion une « idée qui se transforme en acte », c'est-à-dire qui se réalise en « un fait psychologique individuel ».

La suggestion a donc été dans un premier temps considérée comme la réalisation d'une idée et définie en fonction du subconscient. Plus tard, la relation du sujet à l'égard du suggestionneur a été mise en avant par Ferenczi. Il y voyait un rapport affectif qui serait l'effet d'anciens sentiments inconscients – d'origine infantile et sexuelle – que le sujet « transférerait » sur la personne du suggestionneur.

... une association d'idées...

La suggestion a été également considérée comme des associations d'idées déclenchées par une impression extérieure et caractérisée par un rétrécissement du champ de la conscience et une absence d'influence inhibitrice (Wundt). Suggérer voudrait donc dire

« donner à entendre » ou amorcer une chaîne d'idées et peut-être aussi d'actions.

... modifiant le système nerveux.

De là, des conceptions purement neurophysiologiques ont été développées par Forel pour qui la suggestion consiste en la création de modifications dynamiques dans le système nerveux par le suggestionneur, « au moyen de l'évocation (consciente ou inconsciente), d'une image ».
Pavlov, parmi les auteurs russes comme Beckhterev et Platonov, voit dans « la suggestion le réflexe conditionnel le plus sensible et le plus typique de l'homme ».

C'est aussi une relation, ...

Pour Schultz, « c'est une relation interpersonnelle, où les vécus réciproques sont influencés de façon déterminante par l'établissement d'une communauté, par le “ nous ” qui se forme ».

... qui influence notre vie.

Read souligne que l'efficacité de tout médecin dépend de son pouvoir de suggestion consciente et inconsciente. La suggestion est « le plus grand et le moins dangereux des anesthésiques que nous possédons ». Quant à Freud, il reconnaît qu'il s'agit d' « un phénomène originaire qu'on ne peut réduire davantage, un fait fondamental de la vie psychique de l'homme ». Il définit aussi la suggestion comme « l'influence exercée sur un sujet grâce au phénomène du transfert ».

b) classification

Afin de répondre à la complexité de la suggestion, de nombreuses classifications ont été établies. On distingue l'autosuggestion et l'hétérosuggestion, la suggestion verbale et non verbale – cette dernière faisant intervenir nos gestes, notre expression faciale – qui se divise elle-même en suggestion intraverbale (l'intonation ou l'inflexion de notre voix) et suggestion extraverbale (l'implication des mots et des gestes qui facilitent l'acceptation des idées transmises).

Sur le plan thérapeutique, on différencie la suggestion directe et non directe, la première entraînant la réalisation directe des réponses, la seconde procédant par l'implication des réactions désirées, ceci pour que le sujet ne se rende pas compte qu'on le « manipule » en vue d'obtenir un certain comportement. La suggestion directe qui n'a qu'une efficacité transitoire, implique que l'on agit directement sur le symptôme, alors que la suggestion indirecte fait intervenir des images ou des métaphores.

c) les suggestions thérapeutiques

Les suggestions thérapeutiques représentent l'étape la plus importante dans une séance d'hypnose médicale, car c'est d'elles que dépendent en grande partie les résultats de la cure. Comment donc transmettre ces « contenus de conscience » pour en arriver à soigner?

Les suggestions varient selon leur but. En effet, elles sont différentes selon que l'on vise l'apparition d'un état hypnotique global de détente et de repos, ou une action purement thérapeutique comme la levée d'un symptôme gênant. Dans un cas comme dans l'autre cependant, la forme de la suggestion est aussi importante que le contenu.

Les lois de la suggestion

Elles ont d'abord été établies vers 1900 par Émile Coué, un pharmacien de Nancy, et méritent un grand respect. Plus tard, elles ont été complétées par Weitzenhoffer.

1. La loi de la concentration de l'attention rappelle le monoïdéisme (toute l'attention doit être concentrée sur une idée), lorsque l'on souhaite qu'une idée se réalise.

2. La loi de l'effet inverse stipule que plus le sujet essaie d'être coopératif, plus il résiste aux suggestions; un exemple bien connu est celui de l'insomniaque qui voulant dormir absolument ne pense qu'à son sommeil et ne peut donc s'endormir. « La volonté que nous revendiquons si fièrement cède toujours le pas à l'imagination, c'est une règle absolue », écrivait Coué.

3. La loi de l'effet dominant veut qu'une émotion forte tende toujours à remplacer une émotion faible. Si vous êtes dans une situation où la peur est plus forte que la colère, vous fuirez toujours.

4. La loi de la priorité dans le temps établit que si deux suggestions sont données, celle qui a été faite la première aura priorité.

5. La loi de la profondeur montre que de deux suggestions antagonistes, c'est celle qui est associée à la profondeur la plus grande de la transe qui s'accomplit.

6. La loi de priorité de pénétration dit enfin que de deux suggestions antagonistes, c'est celle qui est « pénétrée » par des facteurs autres que la profondeur qui a priorité sur l'autre; par « pénétré » on entend le degré, la stabilité et la permanence d'une association préexistant à cette suggestion.

La construction des suggestions

Mais le plus important réside dans la construction des suggestions thérapeutiques, qui est une étape préalable primordiale. En effet, il ne suffit pas de savoir hypnotiser, il faut surtout arriver à transmettre des suggestions. La faculté de construire, et, nous le verrons, chaque symptôme demande une induction différente, est le privilège du thérapeute.

Pour atteindre le résultat thérapeutique escompté, un certain nombre de recommandations ont été émises pour formuler les suggestions. Elles doivent être claires et aisément comprises par le patient, être formulées positivement et éviter l'utilisation du verbe « essayer », qui implique que l'action ou la pensée suggérée est incertaine.

Les suggestions doivent être répétées, et il faut savoir utiliser les expériences du patient. Par exemple, il peut décrire une situation dans laquelle il s'est retrouvé très relaxé et qui servira au thérapeute lors de l'induction. Les suggestions sont implicitement ou explicitement exprimées dans le but de provoquer un changement chez le patient, et il est important de lui laisser la possibilité de les accepter ou de le rejeter. Cette liberté est d'autant plus importante que l'hypnose se situe dans un champ de pouvoirs inégaux.

2. LA SUGGESTIBILITÉ

La suggestibilité se définit comme la faculté d'être influencé par des suggestions, ou encore l'aptitude à accepter une suggestion. C'est là une fonction normale du psychisme humain qui existe, mais à des niveaux variés, chez chacun de nous. Elle se mesure par la vitesse de réaction à la suggestion et par l'intensité de cette réaction.

La suggestibilité diffère d'une personne à une autre, mais aussi chez un même individu selon son âge. C'est pour cette raison qu'elle ne peut être considérée comme une caractéristique de la personnalité. Son niveau dépend également de certains états psychophysiologiques ou psychopathologiques. Ainsi les psychotiques sont les moins suggestibles, les névrosés ayant habituellement un niveau de suggestibilité supérieur à « la normale ».

Certaines circonstances peuvent entraîner un état d'hypersuggestibilité. C'est le cas de l'état hypnotique qui provoque d'ordinaire un état d'hypersuggestibilité bien utile pour le thérapeute qui profite de cette plus grande réceptivité pour mieux suggestionner son patient.

a) classification

Tout comme pour la suggestion, on a essayé de classer la suggestibilité. On a ainsi distingué la suggestibilité directe et indirecte, médiate et immédiate; la suggestibilité individuelle, conditionnelle, spécifique ou personnelle. On parle également de suggestibilité primaire, secondaire, tertiaire, ou encore active et passive.

Les psychologues qui se sont intéressés à la suggestibilité ont établi toute une série d'échelles de mesure. Les plus connues sont celles d'Hilgard, de Barber et de Spiegel. Elles sont établies en faisant intervenir des items des tests de suggestibilité qui permettent de savoir dans quel domaine le sujet est suggestible, tout comme dans un test de la personnalité.

b) facteurs influençant la suggestibilité

La suggestibilité varie également avec notre âge, notre sexe, notre intelligence, notre personnalité; elle est par ailleurs influencée par nos attentes, nos attitudes et nos motivations. Ainsi la suggestibilité atteint son niveau le plus haut vers sept-huit ans, et elle est plus importante chez les femmes que chez les hommes. Mais, contrairement à une idée répandue, la suggestibilité est plus élevée chez les personnes douées d'une intelligence supérieure à la moyenne. Quant aux influences de la personnalité, on ne sait rien de précis. Il semble en tout cas difficile de relier l'hypersuggestibilité à un trait particulier de la personnalité, tel que la séduction, l'autoritarisme ou encore le maternage.

On sait, en revanche, que les attitudes et les motivations positives facilitent la suggestibilité ainsi que la frustration et la punition. Ainsi les sujets les plus souvent punis lors de leur enfance sont plus suggestibles que les autres.

Des facteurs dynamiques tels que le transfert jouent bien entendu un rôle dans la détermination d'une plus grande suggestibilité. Pour certains états d'addictions, comme la toxicomanie, il est vraisemblable que l'hypersuggestibilité est une conséquence de la drogue et non un des caractères innés des toxicomanes.

3. L'HYPNOTISABILITÉ

L'hypnotisabilité est l'aptitude d'un sujet à parvenir à un certain niveau ou à une certaine profondeur de l'état hypnotique. C'est une donnée de la personnalité relativement stable, qui dépend uniquement de l'hypnotisé et non de l'hypnotiseur, et dont la mesure à l'état de veille permet de prévoir le comportement d'un sujet pendant la transe.

Des études chiffrées ont montré qu'environ 80 % des personnes sont hypnotisables, dont 3 à 10 % pouvant atteindre une transe profonde. 20% ne sont pas hypnotisables du tout. Certains sujets sont capables de présenter le maximum de profondeur de leur hypnotisabilité d'emblée, d'autres non, sans que l'on sache pourquoi. Cependant, ils peuvent être entraînés ou conditionnés à atteindre une profondeur de plus en plus grande, ce qui nécessite parfois plusieurs séances. Il est vrai aussi que certaines personnes sont plus sensibles que d'autres à certaines techniques.

Cela a conduit les expérimentateurs à mesurer l'hypnotisabilité grâce à des échelles dites de « susceptibilité hypnotique » établies après le passage de tests moteurs et sensoriels.

Ces mesures ont mis en évidence la stabilité des résultats obtenus chez le même individu au fil des années, la personnalité de l'hypnotiseur ne jouant apparemment aucun rôle. Il est ainsi établi que l'hypnotisabilité est un trait de la personnalité primaire.

De plus, une série d'expériences a été menée dans le but d'accroître l'hypnotisabilité d'un sujet en variant les méthodes d'induction et en changeant les praticiens hypnotiseurs. Les résultats n'ont pas varié.

a) facteurs influençant l'hypnotisabilité

La détermination des facteurs influençant l'hypnotisabilité est une des questions les plus importantes de la phénoménologie hypnotique. En effet, la capacité à entrer dans un état de transe étant une caractéristique stable de la personnalité, il est intéressant de trouver des moyens qui permettront de mettre le sujet dans des conditions optimales pour qu'il développe cette propriété psychologique.

Certains sujets ont en effet une peur irrationnelle vis-à-vis de l'hypnose ou une attitude négative envers l'hypnotiseur; ou encore, du fait de leur pathologie, une douleur chronique, par exemple, les empêcherait d'arriver à une détente suffisante à toute induction hypnotique.

Il faut noter par ailleurs que la répétition des séances n'augmente en rien l'hypnotisabilité d'un sujet, mais en revanche, entraîne souvent une plus grande profondeur de la transe. Cela peut être attribué soit à une meilleure relation « transférentielle », soit à une diminution de l'angoisse du patient, soit encore à l'apprentissage.

Age

L'âge minimal pour être hypnotisé se situe autour de cinq-six ans. A sept ans, les enfants sont en général de très bons sujets, leur hypnotisabilité augmentant progressivement pour atteindre un maximum à la puberté, entre neuf-quatorze ans. Vers quinze ans, elle décroît régulièrement pour arriver au niveau adulte qui chutera tout au long de l'existence. La période de quatorze à vingt et un ans est donc la meilleure pour une induction rapide pouvant atteindre une grande profondeur.

Sexe

Aucune différence notable n'est à constater concernant le sexe du patient (ou du thérapeute) quant à l'hypnotisabilité, comme l'a confirmé une étude. Cent-soixante hommes et femmes, dont une moitié a été hypnotisée par un homme et l'autre par une femme, n'ont montré aucune différence ni quant au sexe des sujets, ni quant à celui du thérapeute.

Quotient intellectuel

Une légère corrélation existe entre l'intelligence et l'hypnotisabilité, cette dernière croissant avec le Q.I. Cependant, deux sujets possédant des Q.I. identiques peuvent avoir des aptitudes différentes à être hypnotisés. Les sujets présentant un déficit mental sont difficilement hypnotisables, sans que l'on puisse préciser le seuil minimal pour entrer dans un état de transe. Cependant le sujet doit pouvoir au moins comprendre les instructions de l'hypnotiseur et arriver à se concentrer.

La profession, la nationalité, la race

Certaines études ont montré que les personnes qui ont une occupation monotone, ou l'habitude d'une obéissance instantanée, comme les militaires, seraient plus hypnotisables que les autres. Les artistes, malgré la grande imagination qu'on leur attribue, ainsi que les scientifiques qui ont une forme de pensée analytique seraient de moins bons sujets. Il me semble que ces différences soient plutôt dues à des facteurs de personnalité plutôt que liées à une occupation précise.

La nationalité a été également étudiée. Les Français, les Italiens et les Espagnols seraient plus hypnotisables que les Allemands, les Anglais ou les Américains.

La race ou les différences culturelles ont aussi été passées au crible. Les Asiatiques et les Indiens seraient de meilleurs sujets que les Européens.

b) hypnotisabilité et personnalité

Différents facteurs de la personnalité entrent en compte dans l'hypnotisabilité d'un sujet. C'est ainsi qu'en 1977 Spiegel a retenu trois types de personnalités suivant leur capacité cognitive :

– le type apollinien appartient aux personnes douées d'une pensée rationnelle, critique, opposée à l'affectif et orientée vers des objectifs futurs;

– le type dionysien plus émotionnel qu'analytique vit dans le présent;

– la personnalité odysséenne est à mi-chemin entre ces deux extrêmes.

D'une manière plus générale, une bonne capacité à pouvoir suspendre son jugement critique et à accepter la réalité est un facteur décisif pour être un bon sujet hypnotisable. Bien qu'il n'y ait pas de corrélation entre imagination et hypnotisabilité, l'absence d'imagination est, en revanche, un indicateur d'une hypnotisabilité pauvre.

L'hypnose n'étant liée à aucune faiblesse particulière du Moi, le sujet dit « volontaire » est facilement hypnotisable et se caractérise par ce qui semble être décrit comme une personnalité très sociable, attirée par le groupe et capable de l'affronter. C'est donc une personne ayant un contact social aisé, un sujet ouvert sur les autres, mais qui sait garder sa propre personnalité dans un groupe et l'exprimer si nécessaire.

Toutefois, aucune recherche n'a permis de définir un « profil de personnalité » permettant de prévoir la capacité d'un sujet à être hypnotisé. Il pourrait donc s'agir, selon certains, d'un talent, comme pour la musique.

Pour conclure, un mot de la non-hypnotisabilité : les réfractaires peuvent être répartis en deux catégories : le refus volontaire et la non-susceptibilité hypnotique. Soit le contact avec la réalité est ténu – le sujet a peur de perdre le contact avec son environnement –, soit la structure est narcissique – la souffrance somatique permet de maintenir un équilibre psychique précaire.

Personnalité de l'hypnotiseur

La personnalité de l'hypnotiseur est trop rarement abordée dans les études consacrées à l'hypnose. Sans doute, les motivations qui poussent un thérapeute à pratiquer l'hypnose plutôt qu'une autre technique peuvent être très variables. Parmi elles, on retient le désir inconscient de puissance magique et de domination libidinale du patient, le besoin de jouer un rôle parental tout-puissant, ou encore une tendance à l'histrionisme et un « besoin paradoxal d'intimité et de distance ».

Quoiqu'il en soit, l'important est ailleurs. Il réside dans une bonne connaissance de la technique utilisée, ainsi que dans la croyance en la validité de la thérapie pratiquée.

4. LA VISUALISATION ET L'IMAGERIE MENTALE

La visualisation est le processus qui mène à la réactivation des expériences émotionnelles et sensorielles. Elle permet au sujet de mettre ses ressources au service de ses projets futurs.

En d'autres termes, on peut dire que les techniques de visualisation amènent le patient à prendre conscience de certaines parties de son corps qu'il semblait ignorer. Ces parties sont habituellement chargées négativement à la suite d'un interdit ou d'un traumatisme, et tout se passe comme si l'individu s'empêchait de prendre conscience des messages sensoriels qui en émanent. Dans un second temps, il arrive à visualiser sa guérison.

La visualisation fait partie d'un ensemble de concepts issus de la psychologie humaniste et du Mouvement du potentiel humain. Des techniques de communication telles que la programmation neurolinguistique et aussi l'hypnose clinique éricksonienne mais aussi le yoga, le zen, la prière contemplative ont su synthétiser des éléments essentiels permettant d'établir les canaux d'une meilleure « visualisation » et mettre ainsi en place les processus de changements de notre appréciation du monde.

En fait, les techniques de visualisation ressemblent beaucoup aux techniques de l'hypnose traditionnelle, et la prise de conscience de leur efficacité vient essentiellement des processus de suggestion.

Les techniques de visualisation ont fait leurs preuves aux États-Unis avec les travaux de Carl Simonton que nous avons évoqués plus haut. Radiologue et cancérologue, il demandait à ses patients, pendant la séance de radiothérapie, de visualiser leur tumeur et l'effet des rayons sur elle. Résultat : il obtenait des rémissions plus longues et des effets secondaires considérablement diminués.

Stéphanie Simonton, psychologue, spécialiste des techniques de motivation incitait ensuite les patients à mettre en place des techniques de visualisation en dehors des séances de radiothérapie, en les encourageant à participer plus activement à leur guérison et par là même à diminuer leur angoisse face à la maladie. Il est à noter que les Simonton recevaient des cancéreux en phase terminale quand la médecine traditionnelle ne pouvait, en général, plus rien faire.

Les techniques de visualisation peuvent être mises en place de trois manières différentes :

– l'approche analytique, avec interprétation du symbole exprimé dans la visualisation du symptôme. Peu à peu un matériel inconscient refoulé va émerger et un sens sera donné au symptôme.

– l'approche psychocorporelle s'effectue à travers les techniques de relaxation; la sensorialisation développera une prise de conscience de l'image du corps et une modification de sa perception.

– l'approche suggestive, grâce à la puissance des messages que le thérapeute « imprime » dans le subconscient du patient dans un état modifié de conscience ou « état perméable », pour utiliser la terminologie des techniques de visualisation, crée des réflexes conditionnés, des gestes ou des images qui vont induire instantanément un état hypnotique.

De toute façon, le thérapeute doit faire attention au système de communication qu'il utilise avec son patient. Par exemple, demander à un visuel : « Comment l'entendez-vous ? » sera le mettre dans une situation difficile, de même que de répondre à un auditif : « Je vois bien la perspective que vous me tracez. »

Les applications de la visualisation

La visualisation permet souvent de pratiquer certains exercices physiques, comme les mouvements dits « anacinétiques » (mouvements imaginaires). Ils sont perçus par le sujet alors qu'il reste immobile. Elle est particulièrement utile dans les techniques de rééducation après une longue immobilisation ou encore chez les patients atteints d'une algodystrophie à qui on demande de faire des mouvements imaginaires. On peut aussi demander à des obèses de s'imaginer en train de monter un escalier ou encore à des sportifs de se préparer à de futures épreuves. Dans tous ces cas, on observe une véritable stimulation musculaire et nerveuse qui s'effectue en dépit de l'inactivité réelle des muscles.

Les techniques de visualisation peuvent aussi trouver une application dans ce que les comportementalistes appellent la technique de désensibilisation par immersion : on demande au sujet sous relaxation de revivre la situation qui l'entraîne à faire une crise d'angoisse. On peut aussi lui demander de revivre la scène qui l'a traumatisé lors de son enfance. Ces techniques sont similaires à celles utilisées dans les *catharsis* * et peuvent être dangereuses chez certains patients si le thérapeute n'est pas en mesure de les contenir. Le but en tout état de cause est de permettre au sujet de revivre l'expérience « positivement ».

Un autre domaine où les techniques de visualisation sont pratiquées avec succès est celui de la stimulation des défenses immunitaires. On s'est aperçu que nous étions en mesure d'activer notre système de défense uniquement en visualisant les sensations éprouvées

* Catharsis ou abréaction : effet libérateur provoqué par la décharge d'affects longtemps réprimés.

lors d'une agression extérieure. Ainsi, il a suffi de suggérer, sous hypnose, une blessure à des volontaires pour que leur formule sanguine se modifie et montre une stimulation de leurs défenses immunitaires.

Mais la construction d'images de cet espace intérieur s'avère parfois difficile chez certains patients. Par exemple, le psychosomatique souffrant d'une douleur au ventre est pratiquement incapable de construire une image de ses intestins. Les obèses, dans leur grande majorité, ne peuvent s'imaginer le corps « idéal » que le thérapeute leur demande de voir.

Malgré tout, l'hypnose réserve une place de choix aux techniques de visualisation surtout dans les premières phases du traitement, alors qu'on demande au sujet de se représenter sa maladie afin de pouvoir construire des suggestions de guérison appropriées.

DEUXIÈME PARTIE

LA PRATIQUE DE L'HYPNOSE

J'en ai fait cent fois l'expérience! Il me suffit de laisser entendre que je pratique l'hypnose pour que l'on me regarde comme si je débarquais de la planète Mars! Puis, le premier moment de stupeur passé, les questions fusent! Est-ce agréable? Est-on endormi? Est-ce efficace pour arrêter de fumer, de boire, de grossir? L'hypnose peut-elle guérir les migraines, doubler les performances sexuelles, restaurer la joie de vivre?

Sans doute, vous-même qui lisez à cet instant ce livre vous posez-vous ce genre de questions. Pour vous répondre, le mieux est de vous emmener dans mon cabinet et de vous faire assister à une séance d'hypnose. Vous verrez que mes patients en sortent frais et dispos et qu'ils en gardent un souvenir agréable.

Cette étape importante franchie, je serai mieux à même de vous montrer grâce à des exemples tirés de ma pratique les champs thérapeutiques de l'hypnose et les symptômes qu'elle guérit le mieux.

Pour plus de clarté, je les ai réunis en quatre grands groupes : les appétences toxiques ou nocives (tabagisme, alcoolisme, obésité, boulimie), les syndromes douloureux (anesthésie, analgésie), les maladies dites psychosomatiques et sexuelles, et enfin les troubles psychologiques. L'hypnose appliquée aux enfants fera l'objet d'un chapitre à part.

Le choix d'une hypnothérapie

C'est la règle générale : la majorité des patients en viennent à l'hypnose après avoir tout essayé ! Ils ont été déçus par les médecins qui n'ont pris en compte que leur corps, ou par les psychanalystes qui ne se sont occupés que de leur esprit. L'hypnose qui se situe à l'intersection du corps et de la parole est souvent plus appropriée grâce à une réponse psychocorporelle. En effet, le corps du patient tient une place importante dans le processus thérapeutique, car il sert souvent de moyen dans l'induction de l'état hypnotique puis de l'approfondissement de la transe (relaxation, lévitation de la main, rapprochement des bras, etc.).

La relation psychothérapique est également primordiale, car le travail hypnotique ne peut s'effectuer sans un engagement du thérapeute, non seulement corporel (il touche le patient et se trouve tout près de lui), mais également par l'intermédiaire du verbe. Il restitue ainsi au patient ses paroles (par les suggestions) après les avoir soumises à un travail non pas d'interprétation comme en psychanalyse, mais de métaphorisation.

Le symptôme

Voici un exemple qui montre à quel point un symptôme peut en cacher un autre. Je traite un patient qui parvient à arrêter de fumer grâce à l'hypnose. Il n'en reste pas là. Il continue à venir me consulter, car il veut quitter son travail pour s'installer à son compte. Mais son projet remet en cause ses liens avec sa femme.

Il est évident que le fait de se libérer de sa dépendance du tabac a joué un rôle dans sa prise de conscience de toutes ses « dépendances », que ce soit vis-à-vis de son patron ou de sa femme. Le symptôme tabac a servi de métaphore pour entraîner des changements significatifs dans sa vie.

Ainsi, tout symptôme pouvant être interprété comme la manifestation d'un conflit inconscient, il est évident que le médecin en tiendra compte avant d'entreprendre une thérapie. Son but sera donc, non seulement d'aboutir à sa suppression, mais, d'une manière plus globale, d'obtenir une amélioration du fonctionnement psychologique du patient.

Dans le cadre de l'hypnothérapie, comme l'exemple l'a montré, la disparition d'un symptôme entraîne une réaction en chaîne, et l'on assiste à l'émergence de nouvelles demandes qui concernent d'autres sphères de la vie du patient.

La compréhension du rôle du symptôme dans l'économie de la personnalité du sujet est donc indispensable; elle prévient par ailleurs l'apparition d'un éventuel symptôme substitutif. Il arrive cependant que certains symptômes finissent au bout de quelques années par s'autonomiser et perdurent en fonctionnant en vase clos. Des crises d'asthme apparues dans l'enfance après un choc affectif persistent chez l'adulte. Ces symptômes ne persistent que par une sorte de conditionnement, d'apprentissage, et, dans ces cas, le traitement par hypnose en déconditionnant le sujet constitue un traitement de choix. Pour cette raison, l'hypnose permet souvent le démarrage d'une psychothérapie plus profonde.

Contre-indications

L'hypnose n'est pas un remède universel qui s'applique à tous. L'étude de la structure psychopathologique d'un patient est déterminante. Autant un sujet qui verbalise peu ou présente des défenses névrotiques inabordables et des somatisations retirera un bienfait de l'hypnose, autant une personnalité schizoïde et présentant des risques de décompensation (d'entrer franchement dans la maladie) est une contre-indication.

Dans d'autres cas, la personnalité de certaines pathologies, notamment celle de l'alcoolique décrite généralement comme « passive-dépendante », est un bon critère permettant de porter une indication de cure par hypnose.

Il est certain également que la thérapie hypnotique ne peut être pratiquée chez des patients présentant une pathologie organique caractérisée, une urgence chirurgicale ou encore une crise d'épilepsie. L'impossibilité d'induire l'état hypnotique chez des débiles profonds ayant quelques difficultés à comprendre ce que l'on attend d'eux ou chez les enfants dits hyperactifs, qui ne peuvent rester en place et n'arrivent pas à fixer leur attention sur quoi que ce soit, constituent également des contre-indications de fait. De même, qu'il est difficile d'hypnotiser un enfant de moins de cinq ans.

Enfin, l'utilisation de l'hypnose chez les psychotiques demande de la part du thérapeute une bonne santé mentale. En effet, la pratiquer avec un paranoïaque délirant interprétatif, présentant un syndrome d'influence et ayant un persécuteur désigné, comporte quelques dangers à ne pas négliger! La sagesse veut que l'on s'abstienne.

I

LA TRANSE HYPNOTIQUE

1. LA SÉANCE

Une séance typique d'hypnose commence par un entretien avec le patient où celui-ci expose sa demande, ses troubles, leur évolution, ainsi que l'histoire de sa vie. Une attention particulière est portée aux événements vitaux, c'est-à-dire aux événements qui l'ont marqué particulièrement. Cela permet au praticien de juger de l'intérêt de la thérapie par hypnose et de mettre en place la technique d'induction la plus appropriée.

Ces techniques seront décrites un peu plus loin en détail, mais d'ores et déjà on peut dire qu'elles sont fondées sur un déplacement de l'attention du sujet par la stimulation d'un de ses sens. Cela se fait bien entendu dans des conditions d'isolement sensorimoteur afin que le patient ne soit pas distrait par des stimuli extérieurs.

La procédure d'induction dure en général une dizaine de minutes, et des techniques d'approfondissement sont alors pratiquées. La profondeur de la transe varie durant la séance et elle est soumise à des fluctuations d'une séance à l'autre. Les recherches ont montré que 90 % des sujets peuvent arriver à une transe légère, 70 % à une transe moyenne et 10 à 20 % entrent dans un état profond ou somnambulique. La profondeur de la transe n'a d'ailleurs aucune influence sur les résultats de la thérapie.

Les suggestions sont alors données dans un style indirect de préférence; elles sont positives, fonctionnelles et constructives. La manière dont elles sont exprimées a une influence sur l'efficacité du traitement. Après ces suggestions spécifiques, le praticien donne des suggestions de fraîcheur et de calme avant de demander au patient de revenir à son état normal de conscience.

Un entretien posthypnotique permet au thérapeute de connaître les impressions du sujet et de modifier sa technique s'il y a lieu.

Le déroulement d'une séance peut donc être arbitrairement divisé en cinq étapes successives qui constituent la « structure de l'hypnose » :

- la préinduction avec l'entretien préparatoire et les tests dits de « suggestibilité »,
- l'induction de l'état hypnotique,
- l'approfondissement,
- les suggestions,
- le réveil et l'entretien posthypnotique.

a) l'entretien préparatoire

L'entretien préparatoire est une étape préalable obligatoire à toute séance d'hypnose thérapeutique. Il revêt une importance capitale en particulier dans notre pays où le terme « hypnose » entraîne les réactions les plus diverses, allant de l'engouement total jusqu'à la réprobation teintée d'ironie.

L'entretien a donc pour but de replacer l'hypnose dans son cadre strictement médical. L'hypnothérapeute la présente comme une psychothérapie à part entière, avec l'engagement que cela suppose du patient et du thérapeute. Si l'entretien met en évidence une contre-indication, une autre technique psychothérapique est alors conseillée.

Au-delà de ce bilan d'évaluation des symptômes, de la personnalité et de l'indication, l'entretien sert surtout à dissiper l'appréhension d'un patient jamais hypnotisé, le thérapeute lui expliquant ce qui va se passer et ce que l'on attend de lui. Il arrive que certains sujets soient attirés par le côté magique de l'hypnose et préfèrent ne pas avoir d'explication.

Ce fut le cas d'une femme d'une cinquantaine d'années, qui m'a été adressée par un confrère de province pour un mutisme : elle ne pouvait plus parler depuis plusieurs mois malgré des traitements et une hospitalisation en service psychiatrique.

Elle avait été ensuite envoyée à notre confrère pour une thérapie par hypnose. Au cours de l'entretien, il avait entrepris de démystifier la technique hypnotique, comme cela doit être fait, en lui expliquant la manière dont il allait procéder. Elle en avait été très déçue et n'était pas entrée en état de transe. Au bout de deux séances, il avait senti qu'il était préférable de me l'adresser. Le fait d'être traitée par un médecin de la capitale où elle n'était venue que rarement l'avait fortement impressionnée.

Pendant notre premier entretien, je constate qu'il s'agit d'une conversion hystérique; la personnalité fruste de la patiente ainsi que son histoire me conduisent à utiliser une technique de fixation rapide et autoritaire. Quand elle est dans un état de transe profonde, je lui demande de parler en chuchotant, puis de plus en plus fort : ce qu'elle fait apparemment sans aucun effort. Au réveil, je lui fais remarquer qu'elle peut désormais parler. Elle se déclare très satisfaite et me remercie. Elle est revenue une fois au bout de quelques jours pour « renforcer sa guérison », comme elle l'a dit.

Depuis quelques années maintenant, elle me donne de ses nouvelles régulièrement et me téléphone dès qu'elle commence à perdre sa voix. Le seul fait de discuter pendant quelques minutes avec elle lui permet de retrouver l'usage d'une parole audible et claire.

Cette anecdote témoigne bien de la nécessité de prendre en compte la personnalité du patient ainsi que sa demande pour pouvoir « influencer » les symptômes présentés.

Pendant l'entretien préparatoire s'instaure un dialogue fait, de part et d'autre, de questions et de réponses.

Questions posées par le thérapeute

Sans vouloir établir une liste exhaustive, voici les questions les plus souvent posées :

1. Que savez-vous de l'hypnose?
Les réponses reflètent en général les préjugés socioculturels et les appréhensions. C'est souvent la crainte du ridicule comme cela se voit au music-hall où la « victime » est transformée en automate.

2. Êtes-vous adressé par quelqu'un, ou venez-vous de votre propre initiative?
Le fait de venir de soi-même ou d'être adressé par un parent ou un ami ayant bénéficié avec succès d'une thérapie par hypnose peut déjà favoriser positivement l'hypnotisation du sujet.

3. Qu'est-ce qui vous pousse à venir maintenant?
Il s'agit de mettre en évidence l'événement récent qui a déclenché la demande, indépendamment de l'ancienneté du symptôme. La connaissance de ce fait éclairera la motivation principale de sa venue.

4. Y a-t-il déjà eu des tentatives de traitement? Si oui, par quelle méthode et quels ont été les résultats?
Si le patient consulte la première fois, les chances de

succès sont en général plus grandes; en effet, de précédents échecs le font souvent douter de l'efficacité de la nouvelle thérapie.

5. Êtes-vous bien décidé à guérir?

Les patients sont en général étonnés par ce genre de questions, car ils se sentent motivés bien entendu, puisqu'ils sont là! Leur étonnement est encore plus grand quand on leur demande ce qu'ils retirent comme « bénéfices » de leur maladie?

On est souvent obligé d'expliquer que par « bénéfices secondaires », on entend les « avantages » que leur symptôme leur apporte. Cela nous permet par là même de poser la question des conséquences que son abandon pourrait entraîner dans la vie du sujet.

Des modifications de l'équilibre familial peuvent ainsi être anticipées lors de l'entretien préparatoire par la mise en évidence d'une « manipulation » des symptômes de la maladie, soit par le sujet lui-même, soit par son entourage. Ces données psychodynamiques servent à explorer et à évaluer la motivation du sujet pour un changement profond.

L'hypnose entraîne parfois des changements rapides chez un patient, et il est donc important de se rendre compte de sa capacité à supporter la disparition de son symptôme, qui pourrait l'amener à une perte des bénéfices qu'il en tirait.

6. Pensez-vous que votre symptôme soit d'origine organique ou psychologique?

Bien que l'hypnose apporte souvent des résultats dans un cas comme dans l'autre, il est important pour le thérapeute de faire la part du psychologique dans les manifestations symptomatiques.

Questions posées par le patient

Le thérapeute s'efforce lui aussi de répondre à toute question que pourrait lui poser le futur hypnotisé afin de lever toute ambiguïté sur le déroulement de la séance. Ses réponses permettent d'établir un climat de confiance indispensable à toute prise en charge thérapeutique, car il est important d'éliminer toute anxiété liée à l'utilisation non médicale de l'hypnose.

1. En quoi consiste l'hypnose?

C'est un état intermédiaire entre l'état de veille et l'état de sommeil, état par lequel vous passez tous les soirs avant de vous endormir et qui ne dure que quelques instants. Cet état est encore appelé « hypnagogique ». Ici, il va se prolonger, ce sera comme un rêve, où vous saurez que vous rêvez. Durant cet état vous resterez en communication constante avec le thérapeute, ce sera une communication privilégiée s'apparentant à celle de la mère au nourrisson.

2. Tous les gens sont-ils hypnotisables?

Non, mais la plupart sont capables d'entrer dans un état de conscience modifié proche de l'état hypnotique : nous avons tous connu un état semblable lorsque nous nous laissons « prendre », « entraîner » par un roman ou un film.

3. Peut-on me forcer à faire ou à dire quelque chose contre ma volonté?

Non, si l'on demande à quelqu'un de faire quelque chose contre sa volonté pendant l'état hypnotique, il en sortira immédiatement. Expérimentalement, on n'a jamais pu obliger quelqu'un à faire quelque chose allant à l'encontre de ses principes moraux ou de ses mœurs sous hypnose. Vous garderez un rôle actif durant la séance, d'ailleurs, l'on vous demandera toujours votre accord et votre collaboration pour ce que l'on fera.

4. Est-il dangereux d'être hypnotisé?
Seul est dangereux le thérapeute qui utilise la technique hypnotique alors qu'il n'a pas la compétence ou la qualité professionnelle pour le faire. L'hypnose en elle-même, comme phénomène, n'est en rien dangereuse.

5. Si mes symptômes ne disparaissent pas, me sentirai-je mieux quand même?
Toute personne peut avoir des sentiments ambivalents quant à ses symptômes : l'hypnose pratiquée par un psychothérapeute expérimenté, en qui vous avez confiance, pourra de toute manière vous apportez un « mieux-être », du fait de la diminution de l'anxiété due à l'état hypnotique.

6. Est-il possible que je n'entre pas dans une transe profonde?
Oui, tout le monde n'atteint pas un niveau de transe de même profondeur. On distingue habituellement trois niveaux de transe : la légère, la moyenne et la profonde. Une personne peut présenter une hypnose profonde dès la première induction, une autre ne pourra l'atteindre qu'après plusieurs séances, une troisième ne l'expérimentera jamais. Cependant, il faut savoir que le résultat thérapeutique n'est pas fonction de la profondeur de la transe.

7. Est-ce que je dormirai?
Le niveau de transe que vous expérimenterez changera au cours de la séance; parfois, vous serez très détendu avec l'impression d'éprouver une grande relaxation corporelle, à d'autres moments, vous pourrez passer par des états ressemblant au sommeil. Laissez les choses advenir d'elles-mêmes, telles que vous les ressentez subjectivement, sachez cependant que l'hypnose et le sommeil sont deux choses bien différentes.

8. Est-ce que je saurai ce qui se passera, ou serai-je inconscient? Pourrai-je, par exemple, me souvenir après coup de ce qui s'est passé?

Cela dépend du degré de la transe dans laquelle vous entrerez et qui varie durant la séance; tout comme si une partie de votre cerveau arrivait toujours à savoir ce qui se passe, alors que l'autre n'en avait aucune conscience. En règle générale, la personne hypnotisée se souvient toujours de ce qui s'est passé si elle tente de se le rappeler, surtout à l'aide des indications données par le thérapeute.

9. Le fait d'entrer dans un état d'hypnose dépend-il de l'intelligence?

Il existe bien un lien entre l'hypnose et l'intelligence, mais l'hypnose fait surtout appel à l'imagination et non à la rationalité ou à la logique.

10. Est-il possible que je ne me réveille pas après la séance?

Non, un grand nombre d'études ont montré que dans des circonstances de non-réveil, le sujet finit toujours par sortir de l'état hypnotique en passant naturellement par un état de sommeil dont il se réveillera normalement.

Certaines de ces questions témoignent d'un manque d'information sur la pratique de l'hypnose, d'où l'importance de cet entretien préparatoire et de la nécessité d'apporter des réponses claires et précises. En tout état de cause, je m'efforce d'apporter des réponses positives pouvant augmenter la suggestibilité du sujet. C'est la raison pour laquelle, je fournis aussi quelques données statistiques sur le succès de la méthode utilisée dans des cas similaires, en précisant toutefois que cela ne préjuge en rien d'une réussite individuelle. Le patient y trouve un encouragement non négligeable.

Après cet entretien, un rendez-vous est pris avec le patient. Malgré la demande parfois insistante de ceux qui exigent d'être hypnotisés immédiatement, je refuse toujours de pratiquer une séance avec induction d'un état hypnotique lors de cette prise de contact. L'attente me semble, par ailleurs, être un facteur non négligeable d'une augmentation de la suggestibilité du sujet.

b) les tests d'hypnotisabilité, dits de « suggestibilité »

Il m'arrive cependant de faire passer à certains patients, à la fin du premier entretien, un test « d'hypnotisabilité » quand il est attendu, désiré, et surtout lorsque sa « réussite » aura une incidence sur le déroulement ultérieur de la thérapie. Il existe plusieurs tests, certains comme celui « des mains serrées », utilisés surtout par les hypnotiseurs de foire ou des hypnotiseurs qui aiment s'entourer d'un certain cérémonial hypnotique.

Pour ma part, j'utilise le plus souvent le test de balancement dit « chute en arrière » dont voici le scénario.

Le sujet se place devant moi, déchaussé, les pieds joints et il doit laisser s'affaisser ses épaules pour bien se détendre.

Je vérifie son degré de détente en lui soulevant les bras, droits devant lui. Ils doivent retomber le long de son corps, sinon je recommence l'opération.

Une fois assuré de son état de détente :

– *C'est très bien, vous êtes très détendu. Regardez-moi bien droit dans les yeux, fixement.*

Cette « prise de contact » visuelle établie :

– *Maintenant, fermez vos yeux.*

J'incline sa tête en arrière en posant ma main sur son front :

– *Relevez légèrement la tête en arrière.*

Puis j'enchaîne :

– *Je passe maintenant derrière vous.*

Ce que je fais tout en gardant un léger contact physique avec lui (ma main sur son épaule, par exemple). Ensuite :

– *Je place mes mains sur vos omoplates, vous sentez leur chaleur.*

En même temps, je prends une solide position afin de bien recevoir le sujet quand il tombera en arrière; une mauvaise réception du sujet risquant d'entraîner une perte de confiance.

– *Vous sentez bien mes mains sur votre dos, quand je vais les retirer lentement, vous vous sentirez fortement attiré en arrière et vous tomberez, n'ayez aucune crainte, je suis là pour vous recevoir.*

Après un moment, je retire lentement mes mains :

– *Maintenant, vous vous sentez attiré en arrière, vous êtes de plus en plus attiré en arrière, irrésistiblement, votre corps penche vers l'arrière, vous venez, vous venez de plus en plus, vous venez encore, toujours plus et vous tombez, vous tombez, vous tombez!*

Tout cela est dit sur le ton de la conversation, calmement et avec beaucoup d'assurance et de fermeté. Cet exercice relativement facile à faire ne dure que quelques minutes et a de 70 à 80 % de succès. Il constitue un bon exercice pour ceux qui souhaitent apprendre la technique hypnotique.

Lors de la séance suivante, je procède à une induction standard avec passage de tests imaginatifs et moteurs. Les inductions feront l'objet d'une description lors d'un chapitre ultérieur.

c) l'approfondissement de l'état hypnotique

L'approfondissement de l'état hypnotique est une étape importante au cours d'une séance, car elle montre la capacité du sujet à mettre en œuvre son imagination pour pouvoir se représenter « une pièce de monnaie ou une médaille qui tombe dans l'eau lentement » ou « une feuille d'arbre » et se laisser ainsi entraîner de plus en plus profondément.

La « profondeur » de la transe a été mesurée et des tests ont établi des « échelles de profondeur ». Celle de Davis et Husband se compose de trente degrés allant de la relaxation aux hallucinations visuelles négatives, très difficiles à percevoir.

ÉCHELLE DE DAVIS & HUSBAND (1931)

Profondeur	Degré	Test de suggestions et réponses
Réfractaires	0	
Hypnoïde	1	
	2	Relaxation
	3	Battement des paupières
	4	Fermeture des yeux
	5	Relaxation physique complète
Transe légère	6	Catalepsie oculaire
	7	Catalepsie des membres
	10	Catalepsie rigide
	11	Anesthésie (main gantée)
Transe moyenne	13	Amnésie partielle
	15	Amnésie posthypnotique
	17	Changements de personnalité
	18	Simples suggestions posthypnotiques
	20	Illusions kinesthésiques – amnésie totale
Transe profonde (Somnambulisme)	21	Capacité d'ouvrir les yeux sans modifier la transe
	23	Suggestions posthypnotiques fantaisistes
	25	Somnambulisme complet
	26	Hallucinations visuelles positives posthypnotiques
	27	Hallucinations auditives positives posthypnotiques
	28	Amnésies posthypnotiques systématisées
	29	Hallucinations auditives négatives
	30	Hallucinations visuelles négatives, hyperesthésies

Il est à noter que l'hallucination positive est une perception sans objet à percevoir, l'hallucination négative étant la non-perception d'un objet qui existe dans la réalité.

Si l'approfondissement se produit naturellement au bout de quelques séances, il est bon cependant de donner au sujet de simples suggestions d'approfondissement en lui faisant prendre conscience de la positivité des tests. On peut également pratiquer des « passes » lentes sur son corps, en allant de la tête à la ceinture pendant une quinzaine de minutes ou plus.

D'autres techniques existent, par exemple, celle de Vogt dite « fractionnée », qui consiste à déshypnotiser le patient que l'on vient juste d'hypnotiser. Une réhypnotisation entraîne un approfondissement qui peut aller jusqu'à un véritable état de léthargie.

La concentration sur la respiration permet aussi au sujet de passer à un niveau d'hypnose plus profond. J'utilise souvent la méthode dite « de palier » qui consiste à demander au patient de descendre un peu plus à chaque expiration vers un état de bien-être; une impression de flottement est suggérée à l'inspiration tout comme s'il s'arrêtait à un palier; à l'expiration suivante il passera à un niveau inférieur.

D'autres images peuvent être induites, celles de l'ascenseur ou de l'escalier; mais il faut être prudent en raison des risques de phobie. Je préfère celle d'un tapis roulant qui est plus relaxante. Mais même cette image a priori anodine a entraîné une mauvaise réaction d'un de mes patients : il se voyait descendre « les pieds en avant... »!

L'état de somnambulisme n'est atteint que par 3 % à 15 % des patients. Cela n'a pas beaucoup d'importance, puisque le travail se fait habituellement en transe légère ou moyenne, d'autant que l'effet thérapeutique n'est en aucune façon fonction de la profondeur de la transe.

d) réveil et entretien posthypnotique

Le réveil se fait progressivement par un comptage à rebours. Je n'omets jamais de donner au patient des suggestions de bien-être, de calme et de force après la séance.

En effet, le sujet qui vient d'être hypnotisé passe par une phase de latence au cours de laquelle il a du mal à trouver des mots pour évoquer ce qu'il vient de vivre. Il est pourtant essentiel qu'il verbalise ses impressions subjectives afin d'adapter les prochaines séances.

Lors de cet entretien posthypnotique le sujet raconte souvent qu'il serait « volontiers resté plus longtemps car c'était très agréable ». Il a souvent l'impression de « venir d'un ailleurs », ou encore d'un grand bien-être dû à une relaxation musculaire et à un état de détente mentale. Les patients s'attardent sur cet état de « nirvâna posthypnotique » qui semble curieusement les marquer autant, voire plus que le vécu de la transe.

Cet entretien facilite la communication avec le patient qui extériorise des sensations (traumatisantes ou agréables) qui ont émergé pendant la séance. Il apparaît qu'à cette occasion l'esquisse d'un travail psychothérapique se dessine, profilant une psychothérapie verbale parfois initialement rejetée.

Difficultés de déshypnotisation

Des sensations de malaise peuvent cependant apparaître lors de déshypnotisations rapides. Il faut alors réhypnotiser le patient afin de supprimer ces symptômes gênants en suggérant une sensation de grand bien-être après la séance.

Le « non-réveil » est une des craintes qu'expriment de nombreuses personnes avant une séance. Cela fait partie de toute la mythologie autour de l'hypnose et de l'ambiguïté que le sujet ressent vis-à-vis du « pouvoir » de l'hypnotiseur, manipulant des « forces irrationnelles » qu'il ne contrôlerait pas.

Le « non-réveil » est toutefois un phénomène extrêmement rare. Quand il se produit, on suggère au sujet de « s'endormir » de son sommeil naturel et de se réveiller au bout d'un laps de temps donné, ce qui se produit systématiquement. Plus simplement certains hypnothérapeutes passent la main plusieurs fois devant le visage du sujet pour le réveiller.

2. L'AUTOHYPNOSE

C'est une technique simple et fort utile à connaître et à pratiquer. Elle permet au patient de se prendre en charge lui-même, ou de continuer seul une thérapie en se mettant en état hypnotique grâce à ses propres suggestions.

Dans notre vie de tous les jours, nous passons par des vécus de conscience autohypnotique, de méditation, d'état de concentration intense ou d'inattention totale. Tous ces états ont en commun un déplacement spontané de notre attention des stimuli externes vers les stimuli internes ou inversement. Nous n'avons pas l'habitude de considérer cela comme une transe, bien que cela en soit une. La rêverie diurne peut aussi être considérée comme une forme d'autohypnose : une personne peut être éveillée, sembler présente, en contact avec les autres et être en même temps plongée dans une imagerie vivace, fantasmagorique.

Le même phénomène peut se produire dans ce que l'on appelle « l'hypnose des autoroutes », où l'on conduit sans penser à ce que l'on fait, comme un automate; tout comme l'on rejoint en voiture son domicile grâce aux comportements automatiques acquis.

Cette dissociation de la conscience est typique de

l'expérience hypnotique. Elle permet d'être dans des endroits différents en même temps. Si le phénomène s'aggrave, cela peut amener une « fugue » ou l'apparition de personnalités multiples.

Instructions pour l'autohypnose

Lisez lentement les directives suivantes et pratiquez-les avec beaucoup d'attention étape par étape. Après les avoir répétées point par point, vous les connaîtrez par cœur et il vous sera facile de les appliquer.

Bien entendu, il ne faut pas abandonner après avoir essayé une ou deux fois, comme cela se produit souvent. Si vous ne parvenez pas à entrer dans la transe tout de suite cela n'a pas d'importance ; avec la pratique vous finirez par y arriver. Certains y parviendront rapidement, d'autres non et ceci est tout à fait normal, car le niveau d'hypnotisabilité varie d'une personne à une autre. L'essentiel est que vous preniez plaisir à le faire et que vous en retiriez un bénéfice physique et mental.

Les huit étapes à franchir ne prennent, dès que l'on est entraîné, qu'une trentaine de secondes. Au début, ne vous inquiétez pas du temps passé à les faire. Commencez par procéder à votre rythme, mais ensuite essayez de vous mettre dans cet état le plus rapidement possible. En effet, si vous utilisez par la suite l'autohypnose pour vous aider à résoudre un problème spécifique, il vous faudra entrer et sortir de la transe le plus rapidement possible. De même, les premiers temps, trouvez un endroit où vous serez au calme. Par la suite, vous parviendrez à l'hypnose dans n'importe quelles conditions.

Vous pouvez être assis dans un fauteuil ou être allongé, l'important est que vous vous sentiez bien installé.

Étape 1. En position assise, gardez votre tête droite et regardez au loin devant vous. Votre corps doit être dans une position relaxante. Si vous êtes allongé, votre tête doit se reposer confortablement, vous devez vous sentir à l'aise sans que votre cou soit tendu. Regardez le plafond sans fixer un point en particulier.

Étape 2. Gardez votre tête dans une position confortable et faites rouler vos globes oculaires en arrière en relevant les yeux. Vous regardez ainsi en arrière et en haut tout comme si vous fixiez un point au-dessus de votre tête. Vous ne devez pas faire trop d'effort mais vous sentir à l'aise.

Étape 3. Continuez à regarder en arrière et maintenant, alors que vos yeux sont bien en haut et en arrière, vous les fermez lentement (sentez que vous êtes en train de laisser vos paupières descendre et vos globes oculaires monter, sans aucune tension ou gêne).

Étape 4. Maintenez vos paupières bien fermées et prenez une inspiration profonde par votre nez, la bouche fermée... votre respiration doit être profonde, profonde (mais sans aucun effort)... gardez votre respiration pendant quelques secondes (selon vos capacités personnelles, sans vous fatiguer).

Étape 5. Puis... expirez lentement en laissant l'air passer à travers vos lèvres légèrement entrouvertes, et quand vous expirez, gardez vos paupières closes tout au long de l'exercice... laissez vos yeux descendre vers leur position normale horizontale.

Étape 6. Maintenant... les paupières encore closes... vous vous sentez bien, calme... vous respirez facilement à votre propre rythme... vous imaginez que votre corps s'enfonce profondément, profondément dans le fauteuil ou dans le lit... vous vous sentez très relaxé et parfaitement bien. Votre esprit et votre corps sont tout à fait à l'aise, mais en même temps en alerte dans une sensation de flottement.

Étape 7. Profitez de cet état de flottement... et portez votre attention doucement sur votre bras droit ou gauche, comme vous le choisirez... et vous vous imaginez que votre bras, du coude jusqu'à votre main, devient léger, agréablement léger... laissez alors votre main monter lentement, tout comme si elle flottait, votre bras suivra facilement, naturellement (se pliant au coude, les doigts et la main tombant)...

Étape 8. Vous avez atteint votre but... votre main et votre bras flottent aisément en lévitation, le coude reposant sur l'accoudoir du fauteuil ou sur la surface du lit. Vous expérimentez ainsi le flottement agréable de l'état autohypnotique. Gardez vos yeux fermés... l'esprit et le corps flottent, entièrement détendus. Votre bras va rester sans effort dans cette position pendant toute la séance.

Maintenant que vous avez atteint cet état agréable de repos allègre, votre corps va profiter de cette relaxation musculaire, où vous avez l'impression de flotter, pendant que votre esprit est clair, en alerte et non endormi. Vous le laissez alors vagabonder nonchalamment, sans le fixer sur telle ou telle pensée, en vous relaxant et en vous laissant flotter, planer paisiblement tout en gardant vos yeux fermés. Il est important d'acquérir la capacité de flotter sans tension physique ou mentale.

Dans cet état notre esprit est plus clair et responsable, ce qui l'amène à assimiler et à traiter de nouvelles informations. Le cerveau humain est le plus puissant des ordinateurs personnels et il peut, si nous l'utilisons de façon optimale, atteindre des performances importantes grâce à l'autohypnose. Celle-ci nous permet de le programmer et de l'utiliser pour notre bien-être.

Sortir de l'état autohypnotique

Il est aussi simple de sortir que d'entrer dans cet état.

Étape 1R (retour). Vos yeux sont fermés. Vous prenez une inspiration profonde par votre nez en gardant votre bouche close et en maintenant votre respiration un instant sans aucune tension...

Étape 2R. Tout en expirant, les paupières fermées et retenant votre respiration... vous roulez vos yeux en arrière et en haut aussi loin que vous le pouvez mais sans effort...

Étape 3R. Expirez lentement par votre bouche en laissant un peu d'air passer à travers vos lèvres légèrement entrouvertes... et alors que vous expirez, ouvrez vos yeux lentement...

Étape 4R. Tout à fait à l'aise, agréablement relaxé... les yeux ouverts... laissez votre regard redevenir clair...

Étape 5R. Ouvrez et fermez votre main qui est encore en l'air... fermez et ouvrez-la plusieurs fois lentement sans serrer le poing...

Étape 6R. Lentement, sans aucun effort ou tension, laissez votre main levée retrouver doucement sa position initiale...

Étape 7R. Restez pendant quelques instants en position assise ou allongée paisiblement. Vous vous sentez frais, à l'aise, dispos et physiquement très relaxé.

Il arrive que certaines personnes s'endorment en faisant cet exercice et ne se réveillent pas spontanément. Elles le feront d'une manière naturelle en se prenant en charge elles-mêmes durant leur sommeil.

La technique que je viens de décrire est un des moyens d'arriver à un état hypnotique d'une manière naturelle. Elle se fonde sur le profil d'induction hypnotique, qui est un test clinique pour la capacité à atteindre la transe hypnotique et pour l'induction.

Il y a bien entendu de nombreuses autres façons d'entrer en autohypnose, que ce soit en fixant un point ou en se relaxant progressivement; on peut également se mettre, pour ceux qui maîtrisent ces techniques, en méditation ou pratiquer la respiration abdominale yoguique. Ce ne sont là que des variantes pour atteindre le même résultat.

II

CHASSER LES DÉPENDANCES

L'alcoolisme, le tabagisme, la boulimie empoisonnent l'existence, au propre comme au figuré. Les personnes qui en sont atteintes vivent dans un état de dépendance, d'anxiété et de dépression qui les mènent parfois jusqu'à la mort.

Se désaccoutumer n'est pas une mince affaire, comme le sait toute personne qui a eu envie d'arrêter! Le plaisir généré, les habitudes physiques et psychologiques pèsent plus que les risques encourus, même fatals. C'est pourquoi toute intervention psychothérapique doit prendre en considération deux facteurs: la nature instantanée du plaisir et le contexte social qui approuve et supporte sa continuité.

L'hypnose, en sa qualité de thérapie brève, présente l'avantage d'offrir à ces « consommateurs » un produit « thérapique » correspondant à leur demande. Elle est par ailleurs souvent perçue comme une thérapie « douce » et suscite un intérêt ou une curiosité qui permet parfois, au-delà du traitement du symptôme, de mettre en place une prise en charge psychothérapique qui aurait été rejetée a priori.

1. L'ALCOOLISME

Nous assistons depuis vingt ans en France à une baisse de la consommation d'alcool, bien que nous continuions à conserver le triste record d'être les plus grands consommateurs d'alcool du monde : 17 litres d'alcool pur par an par individu de plus de quinze ans (chiffres de 1987). Cela entraîne près de 40 000 décès chaque année par cirrhoses, cancers, démences et suicides.

L'alcool tue ainsi un Français sur trois parmi ceux qui meurent entre trente et cinquante ans; quand il est associé au tabac, comme c'est le cas pour 27 % de Français et 5 % de Françaises, il est 50 à 100 fois plus dangereux.

Les statistiques montrent également que 60 % des meurtres, près de la moitié des incendies volontaires, les deux tiers des viols, 38 % des accidents de la route et 15 % des accidents du travail lui sont imputés. Par ailleurs, l'alcool est responsable de 40 % des admissions en établissements psychiatriques chez les hommes et de 10 % chez les femmes.

Et pourtant l'alcool n'a pas mauvaise réputation! Mieux, on lui attribue des vertus curatives qui ont la vie dure. Tout le monde sait que le whisky est bon pour les reins et que boire de la bière irrigue la vessie, ou encore que le calvados est vermifuge: c'est le fameux « calva dans le biberon ». Même la presse médicale y va parfois de sa contribution en faisant paraître des articles vantant « scientifiquement » la nécessité de boire du vin avec certains aliments afin d'éviter des « intoxications alimentaires ».

On assiste même dans notre pays à une recrudescence de l'alcoolisme mondain et solitaire, en particulier parmi les femmes, alors que l'on sait que l'exposition du fœtus lors de l'alcoolisme maternel peut entraîner des anomalies physiques, mentales et comportementales jusque dans la vie adulte. Le syndrome de l'alcoolisme fœtal est maintenant reconnu par la médecine et est considéré comme la principale cause connue de retard mental, surpassant le mongolisme et le spina bifida.

a) pourquoi l'hypnose ?

Fouquet définit l'alcoolisme comme la perte de la liberté de s'abstenir de l'alcool; cette définition centre ainsi le problème sur la notion de dépendance et un désordre profond de la personnalité. Le traitement de l'alcoolisme par hypnose doit donc se faire dans des conditions qui prennent en considération ces aspects psychologiques.

Classiquement, on attribue à la personnalité de l'alcoolique, le qualificatif de « passive-dépendante à la recherche d'un surmoi ». Il est vrai que d'un point de vue psychanalytique, l'alcoolisme renvoie à une frustration affective intense, à un manque fondamental lié à des phases archaïques de la relation à la mère, en particulier pendant le stade oral.

Lors de la relation hypnotique, semblable à celle de la mère au nourrisson, il se produirait une reviviscence de cette relation, qui comblerait le manque, le « trou » que l'alcoolique n'arrive pas à combler, ce qui restaurerait l'apport affectif de manière symbolique et permettrait ainsi la résolution du conflit originel.

La cure hypnotique n'aurait donc pas qu'un effet purement symptomatique (suppression du symptôme), mais constituerait un traitement de l'origine de la maladie.

b) essais cliniques

Des tentatives de prise en charge des alcooliques par hypnose en France sont rapportées par Bérillon dès

1910. En Russie, l'alcoolisme constitue une « indication inconditionnelle » de traitement par hypnose depuis les travaux de Tokarski et de Konstoroum, qui sont devenus des classiques en la matière. Il est vrai que Tokarski, dans une étude portant sur 700 cas montre un pourcentage de guérison de 70 à 80 % avec un suivi de cinq ans.

D'autres études, qu'elles soient brésiliennes (Pachéco e Silva) ou américaines (Krogers) ont montré presque le même taux de réussite (60 à 80 %).

L'hypnose de groupe est souvent utilisée dans les pays anglo-saxons et dans ceux de l'Est dans le traitement des alcooliques.

Devant ces résultats encourageants, de timides tentatives de prises en charge de l'alcoolique par hypnose se mettent en route dans notre pays. Il serait temps car les autres méthodes de traitement ne donnent que 35 % de succès.

c) la technique

Les alcooliques sont en général des sujets très hypnotisables du fait de leur personnalité « passive-dépendante ». Les techniques les plus employées font appel à l'aversion conditionnée, au renforcement du Moi du patient par suggestions directes ou indirectes et à l'hypnose « sèche » sans suggestion. Les deux dernières techniques peuvent être complétées par des suggestions posthypnotiques de dégoût.

Pendant cinq ans, j'ai traité des alcooliques par hypnose dans un dispensaire d'hygiène mentale de Paris, où la technique d'aversion s'est avérée peu satisfaisante car elle n'a donné que des résultats transitoires.

C'est pourquoi, j'ai élaboré une technique s'inspirant d'une méthode russe, dite d'hypnose sèche (sans suggestion) et ce afin d'assurer des résultats à long terme.

Après une induction de type « maternante », je touche le patient afin de pouvoir amener une relaxation profonde de chaque partie de son corps.

J'insiste sur le bien-être qu'il éprouve en s'abandonnant ainsi et le laisse « dormir » pendant une vingtaine de minutes, tout en ponctuant mon silence de quelques « grognements » lui signifiant que je suis présent et que je « veille » sur son sommeil.

Une communication non verbale s'instaure alors lui permettant de vivre la relation fusionnelle décrite plus haut, de type maternel, indispensable à une reconstruction réparatrice de son Moi.

Je parle ainsi le moins possible pendant les premières séances, m'abstenant de donner des suggestions quelles qu'elles soient. Au réveil, je lui demande de verbaliser et d'associer sur ce qu'il a vécu durant la séance. Ces premières séances sont assez rapprochées (tous les deux ou trois jours).

Après quelques séances, des suggestions directes de soutien et de renforcement du Moi sont données, ce qui va dans le sens d'un renforcement positif de l'abstinence ou des tentatives d'arrêts du sujet. Des suggestions d'aversion minimales sont introduites par l'évocation d'images et de sensations de nausées ou de vomissements lors de la prise d'alcool.

Tout au long des séances l'alcool est présenté comme un *poison* qui entraîne des complications physiques importantes (cirrhoses, polynévrites, etc.), une *dépendance* à laquelle il est soumis et une *faiblesse.*

Le sujet alcoolique est également encouragé à développer à la fin des séances les motivations de son abstinence et à faire face à ses problèmes au lieu d'avoir un comportement régressif. Cela va dans le sens d'une plus grande responsabilité vis-à-vis de lui-même. Dans un même souci, je refuse catégoriquement de pratiquer une séance s'il est en état d'ébriété. En revanche, je propose souvent d'entreprendre une psychothérapie verbale avec un autre thérapeute au bout d'une dizaine de séances.

Mon expérience qui porte sur 300 patients avec un

suivi de trois ans semble donner des résultats encourageants dans plus de 80 % des cas. Mais je manque de recul pour juger de l'efficacité à long terme. D'autre part, j'ai observé, et je ne suis pas le seul, un plus fort pourcentage de réussite avec mes patients de sexe masculin que de sexe féminin.

2. LE TABAGISME

Les risques du tabac sont en général bien connus de tous et en particulier des fumeurs eux-mêmes. Le tabac est ainsi la première cause de décès chez les adultes. Le Worldwatch Institut lui attribue plus de 2,5 millions de décès par an dans le monde, dont 300 000 morts aux États-Unis (25 % des décès), 500 000 en Europe, soit l'équivalent de quatre gros avions porteurs qui s'écrasent au sol quotidiennement ! Autre chiffre à retenir : 25 % des adeptes réguliers de la cigarette mourront prématurément d'une maladie due au tabagisme.

La nicotine tue donc beaucoup plus de personnes que toutes les autres drogues réunies et c'est certainement la plus addictive. Le tabagisme est également, en France, la cause de 90 % des cancers pulmonaires, de 80 à 90 % des artérites, de 65 % des cancers de la sphère ORL (bouche, lèvres, langue, pharynx, larynx, œsophage), de 35 % des infarctus du myocarde, de 40 % des cancers de la vessie et de 25 000 décès annuels par insuffisance respiratoire.

Moins connue sans doute est la relation entre tabac et dépression. Elle a été mise en évidence par deux études américaines qui tendent à prouver que les volutes de la cigarette augmentent avec celles de la tristesse. C'est ainsi qu'il y aurait deux fois plus de fumeurs parmi ceux qui ont eu une dépression majeure. On a noté également que les déprimés auraient plus de difficultés à renoncer au tabac, car certains y trouvent une automédication.

a) dépendances

Chimiquement, la nicotine ne fut isolée qu'en 1826 et reconnue alors comme une drogue à part entière agissant virtuellement comme le cyanure. Les travaux de Goodman et Gilman (1956) sur la nicotine ont montré qu'un cigare contenait deux doses létales.

On relève près de cinq mille composants dans la fumée du tabac avec une mention spéciale pour trois principaux toxiques : la nicotine, le monoxyde de carbone et le benzopyrène. La nicotine ne met que sept secondes pour atteindre le cerveau après chaque inhalation, où elle provoque l'effet d'une mini décharge d'adrénaline. Chez certains, elle stimule l'activité cérébrale en augmentant la vigilance ou les facultés intellectuelles par une meilleure concentration, une accélération du pouls, une augmentation de la tension artérielle et du rythme cardiaque (huit à dix pulsations de plus par minute et ce vingt-quatre heures sur ving-quatre). Chez d'autres, elle provoque un effet tranquillisant et anxiolytique en inhibant les angoisses et agit comme un sédatif. C'est donc un coup de fouet ou un calmant selon les besoins du moment. Cependant, la nicotine est responsable d'une dépendance dont il est très difficile de se défaire : elle est considérée actuellement comme une drogue dure.

Le plaisir neuronal qui n'a qu'un temps varie énormément selon les individus ; le fumeur a besoin d'une dose environ toutes les demi-heures. Au-delà, les récepteurs cérébraux sur lesquels se fixe la nicotine réclament biochimiquement un autre apport. S'il n'arrive pas, le sujet éprouve un sentiment de manque, de malaise accompagné d'une décharge d'adrénaline qui provoque l'agressivité. Ainsi naît la dépendance physiologique : une cigarette en appelle une autre. Cette dépendance est triple : pharmacologique, psychologique et comportementale.

La dépendance pharmacologique est très variable d'un cas à l'autre, le nombre de cigarettes quotidiennes étant un marqueur assez imprécis de son degré réel. La dépendance peut exister parfois pour de petites quantités de nicotine autant que pour des doses plus importantes et peut apparaître dès cinq-six cigarettes par jour.

Il semblerait que, si les femmes sont plus attirées par la nicotine, les hommes ressentent plus le besoin de goudron. On sait également que la quantité de cigarettes ne joue pas un rôle fondamental, mais que c'est surtout l'inhalation de la fumée qui est le facteur prépondérant.

Indépendamment de la dépendance pharmacologique, la consommation de tabac implique également l'association de facteurs psychologiques et culturels que l'on peut évaluer par l'étude de la dépendance comportementale : cigarette rituelle du lever, outil pour travailler, téléphoner, évacuer un conflit à résoudre, pour calmer l'angoisse, meubler l'ennui, comme récompense après un effort ou un succès, consolation après un échec ou un dépit, remède de relaxation-détente.

Au fil des années l'acte de fumer s'est ancré dans la vie quotidienne et une dépendance gestuelle s'installe dont il devient de plus en plus difficile de se défaire.

C'est la raison pour laquelle il est important de bien choisir le moment où l'on souhaite s'arrêter de fumer, c'est-à-dire le moment où l'on a une forte motivation personnelle et où l'on ne se sent pas submergé par des difficultés professionnelles ou familiales.

Avant de proposer le sevrage, étape préliminaire essentielle à toute cure de désintoxication, il faudra donc soigneusement évaluer ces dépendances.

L'étude de la dépendance psychologique permet de mieux cerner la personnalité du sujet, de déceler une anxiété sous-jacente ou une tendance dépressive, parfois une véritable dépression.

Test de dépendance à la nicotine d'après Fagerström

1. Combien de cigarettes fumez-vous par jour?
0 = moins de 15   1 = de 16 à 25   2 = plus de 25

2. Quelle est l'importance de la nicotine? (Regardez sur le paquet)
0 = moins de 0,6 mg de nicotine/cigarette
1 = de 0,6 à 1 mg de nicotine/cigarette
2 = plus de 1 mg de nicotine/cigarette

3. Avalez-vous la fumée?
0 = jamais   1 = parfois   2 = toujours

4. Fumez-vous plus le matin que l'après-midi? (Cigarettes plus rapprochées le matin que l'après-midi)
1 = oui   0 = non

5. A quel moment fumez-vous votre première cigarette?
2 = immédiatement après le lever
1 = après le petit déjeuner   0 = plus tard

6. Quelle cigarette trouvez-vous la meilleure (la plus indispensable)?
1 = la première   2 = une autre

7. Trouvez-vous difficile de ne pas fumer dans les endroits interdits (cinéma, métro, bus, salle d'attente)?
1 = oui   0 = non

8. Fumez-vous même si une maladie (grippe, angine, bronchite...) vous oblige à rester au lit?
1 = oui   0 = non

Total :

La somme des points obtenus à chaque réponse vous indiquera le degré actuel de votre dépendance au tabac :

- de 0 à 3 points : vous êtes fumeur non ou peu dépendant à la nicotine,
- de 4 à 6 points : vous êtes dépendant,
- de 7 à 9 points : vous êtes fortement dépendant,
- plus de 10 points : vous êtes très fortement dépendant.

Mon expérience personnelle m'amène à penser qu'un quart au moins des sujets qui demandent une désintoxication tabagique présente un syndrome dépressif susceptible d'un traitement antidépresseur. Cette dépendance est évaluée actuellement par le test de Fagerström (voir tableau) qui constitue à l'heure actuelle l'outil le plus fiable pour porter un pronostic et choisir parfois le traitement approprié.

Il apparaît clairement que la durée du tabagisme est un facteur de dépendance beaucoup plus important que la dose.

b) sevrage

Il importe de prendre en compte dans le sevrage les motivations du sujet, sans lesquelles rien n'est possible. Elles peuvent être positives ou négatives et doivent être systématiquement explorées, mises au jour et exprimées par les fumeurs. Ces derniers ont d'ailleurs beaucoup de mal à extérioriser les motivations positives de leur désir d'arrêter de fumer. Souvent, on retrouve des motivations négatives, telles que la peur du cancer, alors que les gens ont du mal à exprimer ce que serait leur vie sans tabac.

L'intérêt de l'utilisation de l'hypnose dans le cadre d'une désintoxication tabagique a été mis en évidence par de nombreux auteurs depuis les années soixante-dix. Crasilneck et Hall en 1976, Holroyd en 1980, publient leurs résultats et font une revue d'évaluation du traitement de la tabagie par l'hypnose. Spiegel en 1970 rapporte sa méthode de traitement en une seule séance de quarante-cinq minutes.

Ma pratique du sevrage par hypnose

Après une analyse préalable de la personnalité et une recherche systématique d'une pathologie sous-jacente à l'intoxication tabagique, j'aborde les raisons pour lesquelles un sujet souhaite s'arrêter de fumer.

Quand une personne consulte, sa décision a déjà fait un long voyage, et j'observe une progression qui va de l'abandon du plaisir à l'ambivalence du sujet face au danger, à l'inconfort de l'arrêt accompagné du syndrome de manque, pour finalement arriver à un rejet de l'acte.

L'exploration des raisons de la demande d'arrêt

Grâce à un certain nombre de questions je peux mieux cerner son intoxication, sa dépendance et ses motivations. Les demandes telles que : « Faites-moi arrêter de fumer ! » me permettent de renvoyer le sujet à sa propre responsabilité quant à son désir d'arrêter de fumer.

Ma réponse sera : « Je ne peux pas vous “ faire arrêter ”, mais nous pouvons ensemble chercher ce qui pourrait vous transformer en “ non-fumeur ”. »

Cela m'amène à explorer ce que j'appelle l'historique de la cigarette à travers des questions précises : Quand avez-vous commencé à fumer ? Quel rôle joue la cigarette dans votre vie ? Quelles sont les associations agréables liées à la cigarette, les sensations négatives, les tentatives d'arrêt précédentes, les pressions familiales ? Je tiens à savoir aussi le nombre de cigarettes fumées en général, la marque, mais aussi la façon de fumer : habitude d'inhalation ou non, degré de dépendance.

Je souligne toujours le fait que la décision de devenir un non-fumeur est une responsabilité personnelle que le sujet accepte. Personne d'autre que lui ne peut prendre une cigarette pour la placer entre ses lèvres et inhaler la fumée. L'hypnose ne sera qu'un instrument qui va l'aider à ne pas faire ce geste et transformer sa décision en acte.

Je pose également des questions pratiques :

– Pourquoi fumez-vous ?

– Pourquoi voulez-vous arrêter?

– Avez-vous déjà tenté d'arrêter auparavant?

– Quand vous avez rechuté, quelle excuse vous êtes-vous donnée?

A la fin de cette analyse, je demande au patient d'appliquer un plan de cinq jours où il boira beaucoup pendant les premiers jours de l'arrêt (4 à 5 litres d'eau par jour), de sucer un bonbon si l'envie persiste et devient trop forte, et d'éviter de prendre des excitants, tels que le café ou l'alcool.

L'utilisation d'adjuvants, comme la gomme à la nicotine ou l'application du timbre (Nicopatch) ne sont pas à négliger pour lutter contre la dépendance physiologique, à condition d'être utilisés convenablement. Leur usage permettra aussi parfois de rompre avec l'habitude du geste et de se désaccoutumer d'une manière progressive.

La crainte de la prise de poids peut être une entrave au sevrage tabagique surtout chez les femmes. Ce phénomène fréquent freine la motivation en général, car le sujet grossit sans manger davantage.

Pour quelles raisons observe-t-on une prise de poids de 2,8 kilos en moyenne? Deux mécanismes sont mis en cause: les modifications du métabolisme induites par le tabac et les changements observés dans les habitudes alimentaires lors du sevrage. La nicotine, en effet, stimule le système nerveux sympathique et induit la sécrétion de *catécholamine**: l'augmentation de dépenses énergétiques en est la résultante. La nicotine entraîne donc un accroissement des dépenses énergétiques pour un apport équivalent et, lors de l'arrêt du tabac, on assiste à une accumulation de cette surcharge.

On constate également une augmentation de la prise alimentaire et particulièrement des sucres rapides. Ce sont là des phénomènes compensatoires bien connus,

* Catécholamine: terme générique regroupant les amines cérébrales: dopamine, noradrénaline et l'adrénaline.

c'est pourquoi l'activité physique doit être conseillée dans tous les cas, car elle est consommatrice d'énergie.

Le syndrome de manque ne dure que soixante-douze heures en moyenne (jamais au-delà de cinq jours). Je recommande donc pour éviter cette prise de poids de faire des exercices physiques afin de transpirer, de prendre des bains chauds (sauna), de ne pas manger de viande rouge, de ne pas prendre de café, d'alcool, mais en revanche de se nourrir régulièrement avec des aliments à haute teneur en protéines.

Pour terminer cet entretien je répète au patient que le salut ne viendra que de lui seul, mais qu'en aucun cas je ne l'empêcherai de fumer.

Jusqu'à maintenant, il n'a pas été question d'hypnose. Elle n'intervient qu'après le premier sevrage pour aider le patient à ne pas rechuter.

c) technique hypnotique

Après l'analyse de l'intoxication tabagique, je procède à la première induction au cours de laquelle je fais passer au sujet quelques tests d'hypnotisabilité pour déterminer s'il est plutôt corporel ou imaginatif.

J'induis souvent une scène dans un sous-bois où je demande au sujet de se « représenter la forêt avec un air pur qu'il respire profondément tout en sentant cet oxygène pénétrer dans ses poumons et gonfler ses alvéoles comme de petits ballons ». Puis, j'insiste sur le « passage de cet oxygène à travers la membrane alvéolaire qui est si fine et si importante dans les échanges gazeux entre l'air que nous respirons et notre sang qui va transporter cet oxygène à chaque cellule de notre corps ».

Viennent ensuite des suggestions d'aversion où je lui induis l'image de ses « poumons pleins de goudron, de suie, de ses bronches comme des tuyaux de cheminée et où il sent toute la difficulté qu'il a à respirer ». Je lui parle alors des effets délétères du tabac sur son corps, de « ses artères plus rigides, sa peau qui vieillit plus rapidement, etc. ». Les suggestions données dépendent alors des dommages que le tabac a déjà causés.

Au cours des séances suivantes, je présente le tabac comme une dépendance, une faiblesse, un poison, et grâce à des suggestions de renforcement du Moi, j'amène le patient à lutter contre ces trois facteurs en insistant sur son indépendance, sa liberté à ne plus fumer.

Je m'inspire ainsi de la procédure autohypnotique de Johnson et Johnson ou de la technique de Spiegel :

– la cigarette est un poison pour mon corps,

– j'ai besoin de mon corps pour vivre,

– mon corps est ce que j'ai de plus précieux au monde,

– je lui dois respect et protection,

– je suis non-fumeur, je suis non-fumeur.

J'insiste beaucoup sur ce terme de non-fumeur en demandant au patient de se concevoir comme appartenant à une autre catégorie de personnes : les non-fumeurs.

Le patient doit répéter ces formules mentalement plusieurs fois, (il devrait d'ailleurs les répéter chez lui lors des exercices d'autohypnose).

Par la suite, je passe à des suggestions de projections dans l'avenir, qui consistent en un bien-être que le sujet éprouvera quand il aura arrêté de fumer : sensation de fraîcheur de l'haleine au réveil, de respiration de meilleure qualité, etc.

Enfin, je termine par des suggestions posthypnotiques afin de prévenir les tentatives de rechute et de contrôler l'angoisse et la nervosité qui naissent lors de la privation.

Deux techniques autohypnotiques donnent d'excellents résultats.

Procédure autohypnotique de Johnson et Johnson

1. Prenez une profonde inspiration, conservez-la tout en regardant vers le haut de sa tête.
2. Gardez vos yeux dans cette position et fermez vos paupières lentement alors que vous expirez tout en vous relaxant.
3. Répétez les trois formules des suggestions d'arrêt du tabac en vous-même :

« Pour mon corps, le tabac est un poison. »
« J'ai besoin d'un corps en bonne santé pour vivre. »
« Je dois à mon corps respect et protection. »

4. Ouvrez les yeux quand vous êtes dispos et que vous vous sentez parfaitement bien.

Technique de Spiegel

C'est une technique courte qui ne demande pas plus de cinq minutes.

1. Respirez profondément.
2. Regardez en l'air, le plus haut possible.
3. Rapprochez les yeux l'un de l'autre, puis fermez-les.
4. Laissez-vous aller dans un état de relaxation profonde en expirant.
5. Répétez les suggestions de Johnson et Johnson.

La cure se déroule généralement sur trois ou cinq séances. Si, après trois séances, le sujet n'a pas noté une diminution de sa consommation, mieux vaut arrêter le traitement, quitte à le reprendre quelques semaines ou quelques mois plus tard.

60 % des cas que j'ai traités se sont arrêtés totalement, et plus de 90 % de patients ont diminué leur nombre de cigarettes quotidiennes. Cependant, il m'est difficile d'évaluer les résultats à long terme, car prendre contact avec les patients pour leur demander au bout de cinq ou dix ans où ils en sont n'est pas chose facile.

3. LA BOULIMIE

Officiellement classée parmi les troubles du comportement alimentaire la boulimie * présente des symptômes bien précis :

– des épisodes répétés de consommation rapide d'une grande quantité de nourriture en une période donnée, généralement inférieure à deux heures ;

– une absorption de nourriture solitaire à haute teneur calorique et facile à ingérer ;

– la fin de la crise marquée par une douleur abdominale, le sommeil, l'isolement ou des vomissements volontaires ;

– des tentatives répétées de perdre du poids par des régimes très restrictifs, vomissements volontaires ou usage de laxatifs et de diurétiques ;

– des fluctuations de poids fréquentes de plus de cinq kilos dues à l'alternance de boulimie et de diète ;

– une conscience de l'anormalité du comportement alimentaire et la crainte d'être incapable d'arrêter de manger ;

– une humeur dépressive avec des pensées dévalorisantes après une crise ;

– les crises ne sont pas dues à une anorexie mentale ni à une maladie somatique ;

– l'existence de deux crises au moins par semaine durant les trois derniers mois écoulés.

Le récit des patientes qui consultent présente une ressemblance frappante avec les symptômes évoqués plus haut. Elles disent par ailleurs manger vraiment n'importe quoi, tout ce qui reste dans les placards, sans

* La boulimie touchant essentiellement les femmes (9/10e des boulimiques), ce chapitre est traité au féminin.

pouvoir s'arrêter avant d'avoir tout terminé. Leurs « orgies » se produisent en général quand elles sont seules et après avoir pris les précautions nécessaires pour ne pas être dérangées : téléphone débranché et annulation de tous les rendez-vous.

Elles se cachent parfois de l'entourage qui, paradoxalement d'ailleurs, semble ne pas vouloir remarquer ce qui se passe ! Souvent, la mère ou l'ami de la boulimique n'est pas au courant de l'existence de la maladie qui est pourtant fort répandue.

Depuis 1980, de nombreuses études corroborent, en effet, la fréquence insoupçonnée de cas de boulimie chez les jeunes femmes : 9 % des étudiantes dans les universités américaines sont estimées boulimiques, 7 % des étudiantes françaises reconnaissent avoir ce genre de trouble.

a) les causes de la boulimie

Les cliniciens n'ont pu encore faire entrer la boulimie dans un cadre psychopathologique bien précis, malgré la tentation de la considérer comme un avatar de l'hystérie. La fréquence de la pathologie dépressive peut s'expliquer par l'impossibilité que rencontrent les sujets hystériques à manifester leurs symptômes dans leur milieu ; la dépression apparaît alors comme une forme plus policée d'expression de leur mal-être.

La complexité des liens unissant boulimie et dépression amène les médecins à prescrire des antidépresseurs pour traiter cette dernière, même si elle est masquée.

Pour ma part, je considère que la boulimie est une conduite (pathologie du comportement) qui sert à éclipser des traits de la personnalité et à dissoudre des conflits divers, qu'ils soient d'ordre familial, sexuel ou professionnel. Aussi, se prête-t-elle à des interprétations aussi différentes que ses expressions. Se perpétuant dans une sorte d'auto-entretien, elle finit par maintenir le lien du conflit avec la pathologie qui l'a générée, et la boulimique se trouve prise alors dans une sorte de cercle vicieux dont elle aura du mal à se sortir.

L'addiction à la nourriture existe bel et bien, et la boulimie peut être envisagée comme une conduite addictive avec des caractéristiques bien particulières et pouvant exister parallèlement au tabagisme et à l'alcoolisme.

Ces crises de boulimie débutent souvent au moment où cesse la tutelle parentale, où commencent les études supérieures, où la jeune fille s'installe dans un appartement personnel et jouit d'une indépendance financière.

Tout un système de contraintes se met en place avec des horaires dont la programmation n'est pas sans rappeler parfois celle imposée par la présence d'un nourrisson au domicile où elle vit. Que la nourriture vienne à manquer et surgit une angoisse alimentée par tous les fantasmes ou la réalité des manques qu'elle a pu connaître lors de son développement psycho-affectif.

Cette demande impérieuse de nourriture entraîne une régression à l'origine du gavage de la boulimique. Une certaine ambivalence persiste cependant faisant écho à celle qu'elle entretient dans sa vie affective et professionnelle.

Sur un plan psychopathologique, on peut penser qu'en présence d'un conflit, la boulimique au lieu de « refouler », préfère s'extérioriser par un passage à l'acte, sorte d'exutoire dans l'action, favorisé par les conditions socioculturelles actuelles : nourriture en abondance, facilité avec laquelle on peut acheter de la nourriture à n'importe quelle heure de la nuit, etc.

En effet, la boulimique a du mal à exprimer un sentiment ou un affect et ne peut que s'enfermer, s'anesthésier par la nourriture. Nourriture qui, espère-t-elle comblera le vide qui existe en elle.

b) les bienfaits de l'hypnose

L'hypnose, par la dissociation qu'elle provoque et qui lui est inhérente, donne aux boulimiques la possibilité de réintégrer leur corps sans manger. C'est la raison pour laquelle, elle est un moyen thérapeutique adéquat dans la prise en charge des troubles alimentaires.

J'ai moi-même été amené à voir plus d'une centaine de boulimiques à qui j'ai proposé une thérapie par hypnose. Cela m'a permis de codifier les techniques de traitement.

Cette méthode fait intervenir des approches cognitivo-béhavioristes et psychanalytiques pendant les trois phases suivantes.

1. *Une première phase de préparation au changement* pendant laquelle je conviens avec ma patiente d'un contrat thérapeutique, sous forme d'alliance. Les buts à atteindre sont clairement définis : casser le cercle vicieux dans lequel s'est enfermée la boulimique, établir un self-control sur les habitudes alimentaires par l'intermédiaire d'un agenda des aliments ingérés et réapprendre à manger lentement en se concentrant sur le goût de la nourriture et la sensation de satiété.

L'arrêt des vomissements étant irréaliste, je tente de réduire leur fréquence en fixant leur nombre maximal, leur horaire et des aliments spécifiques (non favoris en général). Lors de cette première phase, la boulimique retrouve une certaine confiance en elle-même par la maîtrise de son symptôme.

2. *La phase intermédiaire est orientée sur le comportement boulimique lui-même.* Pendant cette phase, des techniques hypno-analytiques : questionnement idéomoteur grâce au *signaling* du doigt de Cheek, techniques hypno-analytiques exploratives des états dissociatifs du moi de Torem – *ego state therapy* – et la tech-

nique du « pont affectif » de Watkins – *affect-bridge technique* – sont pratiquées. Elles permettent d'explorer la personnalité de la patiente et de retrouver dans 35 à 66 % des cas des traumatismes infantiles.

Des suggestions de renforcement du Moi viennent compléter ces explorations hypno-analytiques.

3. *La phase finale consiste à s'assurer des résultats sur un long terme.* Il s'agit surtout de la prise en compte des problèmes de « séparation-individuation » et des changements à entreprendre dans sa vie familiale (départ du domicile parental), professionnelle (changement de poste ou de travail) et affective (engagement ou séparation).

Ce moment de transition nécessite un suivi psychothérapeutique verbal où l'hypnose peut parfois être employée sous forme d'exercices de visualisation orientés vers le futur, ou de suggestions indirectes, de métaphores et d'anecdotes encourageant l'estime de soi et le renforcement de la personnalité.

4. L'OBÉSITÉ

L'alimentation est une activité de base de tout organisme vivant, et la nourriturc, le « manger » est sous-tendu par des mécanismes psychologiques profonds qui se mettent en place dès notre plus jeune âge. Très tôt, le nourrisson qui a faim se rend compte que sa frustration peut être apaisée par le sucement de son pouce, par le plaisir du nursing de sa mère, ou le fait de jouer avec un hochet. Ces mécanismes de relâchement de la tension créée par la faim entraînent un étayage, une sorte de « route », par lequel le nourrisson s'accorde une gratification; plus tard, l'individu s'en souviendra toujours et parcourra dans l'autre sens, de manière conditionnée ce « chemin » qui s'est tracé en lui.

Beaucoup de psychanalystes ont souligné l'importance de la sphère orale dans la maturation de l'individu. Freud considère le stade oral comme l'un des moments les plus importants dans le développement psychosexuel. Mélanie Klein, elle, relie à la nourriture la position dépressive du sixième au huitième mois pendant laquelle le nourrisson semble réaliser que l'image de la mère bonne et l'image de la mère mauvaise font référence à une même personne.

D'un point de vue plus prosaïque, chacun de nous a entendu sa mère lui dire : « Mange tout ce que tu as dans ton assiette, pense à tous les enfants qui meurent de faim dans le monde ! »

La culpabilisation est en effet constamment présente dans le discours de toute mère qui veut que son enfant mange, et les termes nourriture-affection-amour sont régulièrement associés. Cet amalgame se retrouve d'ailleurs dans les fêtes de notre société où la célébration se résume souvent dans le « bien manger ». Toute notre vie est ainsi jalonnée, étayée et conditionnée sur le plan émotionnel par le choix de la nourriture et les goûts que nous pouvons retrouver très vivement bien des années plus tard (la madeleine de Proust est un exemple bien connu de tous).

Par ailleurs, les messages ambigus ou ambivalents sont constamment envoyés par notre société d'abondance : des mannequins minces font de la publicité pour de la nourriture riche et grasse !

a) la prise de poids

On retrouve des facteurs psychologiques individuels favorisant la prise de poids. Parmi ceux-ci, l'inadéquation sexuelle, le sentiment d'infériorité, l'anxiété, l'agressivité, l'autopunition, la solitude, la dépression, le substitut d'affection, occupent souvent une place importante, et les patients donnent en général une interprétation parfaitement juste de leur obésité : « la graisse, l'épaisseur me protègent », « je me suis construit un mur symbolique derrière lequel je me cache », « je préfère me venger sur la nourriture, sinon je casserais tout »; ou d'une manière plus impersonnelle : « je me suis rendue moins attractive afin de réprimer les désirs sexuels des autres » (ce genre d'interprétation se retrouve également chez l'anorexique).

Il est intéressant de noter que l'inverse peut être tout aussi vrai : une femme peut garder son poids par peur d'inquiéter son mari qui serait plus anxieux devant une éventuelle infidélité si elle devenait plus attractive.

Chez la femme, l'obésité s'accompagne souvent de l'absence de relations amoureuses et sexuelles; elles reconnaissent facilement d'ailleurs que leur manque d'affection se compense à travers la nourriture qui devient un susbtitut d'amour : « Aussi longtemps que personne ne m'aimera, je me ferai du bien à moi-même. »

Des facteurs sociaux peuvent également contribuer à l'obésité : certaines personnes ayant grandi dans la pauvreté considèrent leur prise de poids, ou celle de leurs proches, comme un signe de prestige et de réussite sociale; certains hommes font encore une équation entre le fait d'être gros et fort, ils se protègent ainsi des attaques des autres (d'un point de vue psychanalytique, de la castration fantasmée du père).

Par ailleurs, il existe des professions qui obligent à bien manger régulièrement avec des partenaires sociaux. Il est vrai que l'on retrouve chez ces personnes une anxiété qui les pousse à manger plus que nécessaire dans des situations de stress : la nourriture et la boisson sont alors utilisées comme anxiolytiques.

Des facteurs familiaux sont souvent invoqués et le rôle de la mère « nourricière » est mis en avant. L'exemple de la mère, qui exprime son affection ou calme son anxiété par la quantité de nourriture qu'elle offre à sa progéniture, bien que caricatural, n'en est pas moins vrai ; ou encore, celle qui apaise les pleurs de son enfant, ou, à l'inverse, le récompense parce qu'il se conduit bien, en lui « fourrant » quelque chose dans la bouche. Elle peut elle-même d'ailleurs, calmer son anxiété, son désespoir, déjouer sa solitude ou sa culpabilité en ingérant, devant l'enfant, d'une manière compulsive, une grosse quantité de nourriture. Le futur obèse intériorisera ce comportement très tôt et répétera symboliquement les gestes de sa mère dans de telles circonstances.

On a noté également que les enfants non désirés deviennent souvent obèses, du fait de la culpabilité de la mère qui « gave » son enfant pour lui prouver son amour.

Les attitudes parentales telles que « ne pas gaspiller la nourriture » influencent souvent le comportement de l'enfant qui « nettoie toujours son assiette »; de même, dans les familles « économiquement faibles » le fait de bien manger et d'être gros, qui signifie être en bonne santé, entraîne plus tard chez l'enfant le désir de toujours acheter des plats « riches » (en calories également).

Ces facteurs familiaux sont parfois interprétés comme des facteurs génétiques; il est vrai que le plus souvent, il est difficile de faire la part des choses.

b) la thérapie par l'hypnose

L'hypnothérapie a rencontré de nombreux succès dans le traitement de l'obésité. Crasilneck et Hall (1976) font état d'une étude sur 350 sujets et d'un taux de réussite de 80 % avec un amaigrissement de cinq kilos.

Pour ma part, après avoir utilisé cette technique depuis une dizaine d'années, je suis à même de témoigner de son efficacité. Elle permet au patient de maigrir réellement et d'avoir une meilleure image de son corps.

Avant d'entreprendre un traitement, il est impératif de reconnaître ou d'exclure toutes causes organiques de la surcharge pondérale lors de l'entretien préparatoire. Cela ne signifie pas qu'il faille exclure un obèse avec des problèmes hormonaux par exemple, mais que la technique hypnotique doit s'intégrer au traitement d'un endocrinologue.

Il est important aussi de mettre en évidence les motivations du sujet à vouloir maigrir par une analyse systématique des facteurs familiaux, sociaux ou psychologiques, afin de provoquer des changements positifs dans ses habitudes alimentaires et son mode de vie.

Les motivations positives, comme être mieux accepté par son entourage social ou professionnel, avoir du succès auprès du sexe opposé, seront reprises lors du travail d'élaboration des suggestions et renvoyées au patient en état hypnotique. La valeur défensive du poids sera prise en compte afin de ne pas perturber l'équilibre parfois fragile du fonctionnement mental de l'obèse et de ne pas entraîner l'apparition d'un symptôme de substitution lors de l'amaigrissement.

Les buts à atteindre sont clairement fixés de manière contractuelle et réaliste : il est illusoire de croire que l'hypnose peut faire perdre dix kilos en une semaine ! Je recommande, pour des raisons physiologiques, de ne pas perdre plus de deux kilos par semaine.

Je conseille parfois un régime dissocié qui consiste à ne pas mélanger des aliments de nature différente : les protides avec les lipides par exemple, ou ces derniers avec les glucides, mais sans limite de quantité.

Je demande aussi à l'obèse de ne pas se peser quotidiennement, mais tous les dix jours afin que l'amaigrissement obtenu soit plus net.

Enfin, je le préviens qu'il aura à apprendre une technique d'autohypnose afin de pouvoir pratiquer chez lui des exercices de visualisation de son corps.

Ces recommandations faites, je passe à des techniques plus spécifiques avec des scénarios métaphoriques destinés à réduire le poids.

Les techniques les plus classiques font appel à l'aversion avec des suggestions de nausées devant la nourriture, à la projection dans l'avenir des bénéfices secondaires que le patient pourra retirer de son amaigrissement (silhouette plus fine, possibilité de porter à nouveau des vêtements devenus trop étroits).

La technique de Zloker, dite de focalisation d'une sensation de chaleur sur la face antérieure du cou, permet de dilater les veines de la thyroïde et d'augmenter la quantité de thyroxine déversée dans le sang, et par là même d'accélérer le catabolisme des graisses. Cette explication « physiologique » peut être illusoire, mais elle a pour intérêt de montrer au patient ce que l'on attend de lui, quand on lui demande d'imaginer un mécanisme de traitement de sa maladie.

A l'aversion, je préfère toutefois une technique d'imagerie mentale que j'ai mise au point. Elle comprend plusieurs étapes qui font suite à un travail psychothérapique entrepris dès les premières séances, elle est centrée sur la prise de conscience de l'image du corps.

Voici quelques métaphores que j'utilise dans ce but :

– montée d'un escalier dans un immeuble, et perdre des kilos à chaque étage,

– visualisation du corps sur une plage dans un maillot de bain,

– projection dans des situations sociales ou professionnelles avec un corps plus mince, plus svelte,

– représentation de la légèreté corporelle, de la sensation de cette légèreté,

– imagination d'une situation provoquant comme par magie l'amincissement : passage dans des portes de plus en plus étroites, par exemple.

C'est ainsi que je mets en évidence les distorsions et le flou corporel dans lequel l'obèse évolue afin de lui faire prendre conscience de son corps réel. On oublie souvent que l'obèse n'a pas la possibilité de voir ses pieds quand il est debout!

J'entreprends ainsi tout un travail de création d'une image corporelle idéale, qui remplacera l'ancienne image dévalorisante du corps de l'obèse, de fixation de cette représentation idéale dans le subconscient du patient, afin qu'elle soit constamment présente dans tous les actes de sa vie, de projection dans l'avenir des bénéfices secondaires que ce nouveau corps procurera et de suggestions de renforcement de son Moi.

Après un amaigrissement de plusieurs kilos, on observe parfois une stabilisation ou une reprise de poids; ce phénomène est normal et s'explique parfaitement bien par les mécanismes physiologiques de la régulation pondérale.

III

VAINCRE LA DOULEUR

La douleur est définie par l'Association internationale pour l'étude de la douleur comme une « expérience sensorielle et émotionnelle désagréable, associée à un dommage tissulaire réel ou virtuel, ou décrite en termes d'un tel dommage ».

C'est donc une perception consciente d'une agression physique ou psychique, qu'elle soit réelle ou vécue comme telle. Loin d'être un simple stimulus nocif univoque elle constitue une expérience existentielle subjective, chargée de toutes sortes de significations psychologiques, émotionnelles, temporelles et somatiques désagréables, voire menaçantes. Erickson souligne qu'elle est une construction composée de réminiscences des expériences douloureuses passées et de l'expérience présente, amplifiée de la douleur future. La douleur actuelle ne représenterait pour lui qu'un tiers de l'expérience vécue.

A mon avis, plus qu'un symptôme, la douleur est un mécanisme réactionnel physique et psychique de l'individu à une maladie ou à un traumatisme, réel ou supposé ; c'est la raison pour laquelle, toute approche de la douleur doit passer par une communication avec le patient.

Le symptôme « douleur » a été longtemps méconnu du fait de la peur des médecins face à une donnée parfaitement subjective et par la formation limitée qu'ils ont reçue quant à la thérapeutique antalgique ; la sous-utilisation des morphiniques, considérés comme facteur du déclenchement d'une éventuelle toxicomanie en est un exemple typique.

La douleur est cependant depuis quelques années l'objet d'une plus grande prise en considération avec la création des centres de la douleur dans presque tous les grands hôpitaux. On y étudie sa physiopathologie et l'on y propose une prise en charge multidisciplinaire pour son traitement (anesthésiste, chirurgien, psychothérapeute, rhumatologue, neurologue et autres). Le diagnostic se pose de manière globale, physique et psychique, et ce, afin d'établir une stratégie thérapeutique adéquate.

Différentes méthodes sont ainsi proposées allant des analgésiques périphériques et morphiniques à l'ostéopathie, en passant par des antidépresseurs et des approches dites psychologiques, telles que la relaxation ou les thérapies cognitivo-comportementales. L'hypnose est cependant rarement utilisée en France, alors qu'à l'étranger elle fait partie intégrante de toute prise en charge par les centres de la douleur et qu'elle entre dans l'arsenal thérapeutique de tout médecin anglo-saxon.

Avant d'aller plus loin, je vous propose un court lexique des termes les plus employés :

Souffrance : aspect émotionnel et passionnel de la douleur telle qu'elle est supportée (*suffere*, en latin).

Anesthésie : état d'insensibilité, c'est-à-dire suppression de tous les types de sensibilités (tactile, profonde et douloureuse) et les moyens de l'obtenir.

Antalgie : état dans lequel une douleur préexistante est calmée et les moyens de l'obtenir (par l'utilisation d'un antalgique).

Analgésie : état de perte de la sensibilité à la douleur

et les moyens de l'obtenir (les anesthésistes utilisent des analgésiques).

Algie : douleur diffuse.

Analgie : absence complète de sensibilité, en général congénitale (mot oublié par les dictionnaires).

Algologie : étude de la douleur.

Nociception : sensation neurophysiologique d'une agression tissulaire de l'organisme.

1. L'HYPNO-ANALGÉSIE

Depuis plus de deux siècles, l'hypnose a été souvent utilisée pour vaincre la douleur. Voici quelques grandes dates que l'histoire a retenues :

– Du Potet (1820) soumet deux patientes à l'épreuve douloureuse du moxa (cautérisation par brûlure) sans qu'elles ne manifestent la moindre sensation de douleur.

– Cloquet (1829) pratique la première intervention chirurgicale sous anesthésie magnétique en France (cancer ulcéré du sein droit chez une patiente asthmatique de soixante-quatre ans).

– Foissac (1833) pratique pour la première fois une analgésie hypnotique dans le domaine de l'obstétrique.

– Oudet (1837) procède à l'extraction dentaire sous anesthésie magnétique.

– Elliotson en Angleterre (1843) publie une liste de quatre cents interventions chirurgicales sous anesthésie hypnotique.

– Esdaile (1852) pratique aux Indes trois cent quinze interventions chirurgicales sous anesthésie hypnotique.

A la même époque en France, on pratique plusieurs interventions sous anesthésie hypnotique, notamment à l'hôpital Necker : ablation d'un abcès volumineux et très douloureux de la marge de l'anus (Broca et Follin, 1859).

a) du bon usage de l'hypnose

L'hypno-analgésie possède nombre d'avantages cliniques qui lui permettent de réduire ou d'éliminer la douleur de façon significative, et cela sans effets secondaires ni réduction du niveau d'activité; l'hypnose renforce d'autre part l'action des autres traitements prescrits et permet au patient d'utiliser cette technique par lui-même (autohypnose). Autre avantage, elle le rend plus confiant et moins dépendant de son environnement médical et psychologique. Pour Barber (1988), « aucune autre approche psychologique n'est aussi efficace pour induire le confort ou l'inconfort sans les effets secondaires négatifs associés aux traitements médicaux d'efficacité comparable ».

b) recherches expérimentales

Supplantée par la découverte de l'éther et du chloroforme, l'hypnose a été réhabilitée par le traitement des névroses de guerre pendant la Première et la Seconde Guerre mondiale. Ses effets furent étudiés en laboratoire, essentiellement aux États-Unis. où depuis trente ans environ, ont lieu d'importantes recherches sur l'hypnose, notamment en analgésie hypnotique. Ainsi les expériences de Hilgard et Hilgard et coll. (1975-1980) et de Crasilneck et Hall (1975) ont apporté la preuve incontestable de l'efficacité de l'hypnose dans le contrôle de la douleur, que ce soit dans le domaine purement expérimental ou dans le domaine clinique.

Il fut démontré expérimentalement que les sujets étaient capables de faire disparaître la sensation de douleur pendant dix à quarante-cinq minutes, le temps où ils pouvaient garder leur bras immergé dans de l'eau glacée, par exemple.

Au cours de ces expériences, on vérifia aussi que

l'hypnose avec suggestion était plus efficace que l'induction simple sans suggestion, « l'hypnose neutre ».

En France, Chertok publia avec Michaux et Droin (1976) deux observations d'interventions ayant eu lieu sous analgésie hypnotique : l'ablation d'un kyste synovial et des travaux dentaires (*pulpectomie* * et extraction de cinq dents du maxillaire inférieur). Un film montra non seulement l'efficacité de l'analgésie hypnotique, mais aussi, grâce à une hypnotisation ultérieure, le vécu opératoire des deux patientes opérées.

La preuve fut ainsi apportée que l'hypnose, à la faveur d'un processus relationnel avec l'hypnotiseur, fournit au sujet la capacité non pas de supprimer mais de modifier l'information douloureuse au niveau cortical, en faisant disparaître son aspect psychologique : la souffrance.

c) le fonctionnement de l'hypno-analgésie

Il existe de nombreuses théories qui tentent d'expliquer le rôle de l'hypnose dans le contrôle de la douleur; toutes insistent sur la notion de pluralité des niveaux d'intégration que l'on peut schématiquement diviser ainsi :

– Les mécanismes psychologiques, où, selon Barber (1964), le sujet fait « comme s'il ne percevait pas la douleur » *(role playing)*.

– Les mécanismes physiologiques, inspirés des recherches faites sur l'analgésie acupuncturale. Moares Passos et Roberts placent le mécanisme de l'élévation du seuil de la douleur dans la formation réticulaire du *mésencéphale* **; d'autres chercheurs parlent d'une sécrétion par l'hypophyse d'endorphines qui inhibent

* Pulpectomie : ablation de la pulpe et du nerf de la dent.
** Mésencéphale : partie moyenne du cerveau.

le potentiel d'action des neurones chargés du message douloureux.

– Les mécanismes psychophysiologiques qui évoquent un blocage ou une modification centrale de la perception douloureuse par intervention des facteurs affectifs.

Il me semble toutefois qu'aucune théorie, dans l'état actuel de nos connaissances, ne donne une explication valable de « ce saut du psychisme au somatique » et que l'énigme « douleur-hypnose » reste encore à déchiffrer.

d) techniques hypno-analgésiques

Avant de procéder à une mise en place d'une anesthésie ou analgésie hypnotique il est nécessaire de remplir un certain nombre de conditions et de critères; par exemple, il est important de préciser la place que le symptôme douloureux occupe dans l'économie psychique du sujet et d'établir ce qu'il adviendrait s'il était supprimé.

C'est pourquoi la technique sera toujours personnalisée et s'inscrira dans le cadre plus large d'une intervention psychothérapique.

Questions à poser

1. Le patient a-t-il eu une aggravation de ses troubles après un autre traitement médical ou psychologique?

Le rôle préventif et protecteur d'un tel traitement n'est pas à négliger. L'exemple typique est celui du patient présentant un syndrome inflammatoire du genou et qui après la séance se met à marcher très vite, aggravant ainsi ses troubles.

2. La vie du patient sera-t-elle améliorée sans perte significative de tous les bénéfices secondaires qu'il tirait de sa maladie?

Être l'objet de toutes les attentions, se permettre tous les caprices au nom d'une prétendue douleur, prendre sa famille en otages, font partie des bénéfices secondaires que certains malades ne veulent pas abandonner. En voici un exemple tiré de ma pratique.

La sœur d'une patiente me demande de venir au domicile de celle-ci afin de pratiquer des séances d'hypnose pour soulager des douleurs intolérables. Après avoir pris l'avis de son médecin traitant qui travaille d'ailleurs dans un centre de la douleur, je décide d'intervenir. Je suis accueilli par la sœur de la patiente qui souhaite m'entretenir de la vie infernale qu'elle mène depuis six mois. En effet, elle a été obligée de venir vivre chez sa sœur alors qu'elle était mariée : « Elle souffre nuit et jour, vingt-quatre heures sur vingt-quatre et ne peut plus se déplacer tellement elle a mal. Il m'est impossible de la laisser seule. »

Elle me conduit ensuite auprès de la malade qui est couchée en chien de fusil, le corps soutenu par des coussins. Elle a été opérée voilà un an d'une hernie discale et a connu une nette amélioration. Mais comme elle souffrait encore, elle a revu son rhumatologue. Elle a alors cru comprendre qu'il ne pouvait plus rien faire contre sa douleur, car il l'a envoyée consulter au centre de la douleur. Là on lui a fait une rachianesthésie pour savoir si elle avait vraiment mal ou pas. Il s'agit d'une injection d'un anesthésique dans le canal vertébral afin d'insensibiliser toute la partie inférieure du corps du patient, un peu à la manière d'une péridurale.

Depuis cette injection, la patiente prétend souffrir le martyre. Elle ne sort plus de chez elle et se fait porter par son entourage, même pour aller aux toilettes. Elle a ainsi tissé autour d'elle un réseau d'assistance dont le centre est occupé par sa sœur.

Après quelques séances, je comprends le caractère vindicatif et autoritaire de ma patiente : elle exige ma présence auprès d'elle tous les jours. Et comme je refuse, sa sœur force la porte de mon cabinet et m'accuse de « non-assistance à personne en danger »...

3. Le patient est-il prêt à prendre en charge son propre traitement?

L'autohypnose est toujours associée au traitement de la douleur par hypnose. C'est là une manière pour le patient d'assumer la responsabilité de son propre traitement. En effet, la possibilité de maîtriser sa douleur alors qu'il l'a toujours subie le motive et lui donne l'envie de se battre.

Techniques proprement dites

De nombreux procédés d'hypno-analgésie ont été mis au point essentiellement par Milton Erickson, Barber et Haley. Parmi les techniques utilisées le plus souvent on distingue :

1. l'anesthésie et l'analgésie,
2. la suggestion directe de l'abolition de la douleur,
3. la suggestion indirecte par réinterprétation de l'expérience douloureuse,
4. la substitution sensorielle par un procédé de remplacement,
5. le déplacement du phénomène douloureux,
6. l'amnésie,
7. la distorsion du temps,
8. la dissociation,
9. la diminution des phénomènes douloureux.

2. LES APPLICATIONS THÉRAPEUTIQUES

Depuis 1970 l'hypno-analgésie est devenue partie intégrante de l'arsenal thérapeutique contre la douleur, et de plus en plus de cliniciens l'utilisent de par le monde. Pourtant en France, il est très difficile de trouver un chirurgien qui accepterait d'opérer sous la seule anesthésie hypnotique, même si elle est pratiquée par un hypnothérapeute-anesthésiologiste. Les deux exceptions à cette triste règle sont la chirurgie dentaire et l'obstétrique. J'ai néanmoins recensé une liste d'indications où l'hypno-alnalgésie a fait ses preuves :

– comme analgésique lors d'interventions chirurgicales mineures (dentisterie et urologie) et lors de contre-indications de l'anesthésie générale ; un cas d'*arthroscopie** sous hypnose a été rapporté au Ve congrès de la Société européenne d'hypnose par Münch qui a noté une cicatrisation plus rapide et de meilleure qualité, le patient a remarché une semaine après l'intervention ;

– pour les soins des grands brûlés, ce qui permet le nettoyage des plaies et le renouvellement des pansements ;

– en cancérologie pour les douleurs intolérables des cancers terminaux ;

– pour les douleurs des membres fantômes des amputés ;

– pour les douleurs postopératoires ;

– pour améliorer les douleurs chroniques des hypocondriaques et des rhumatisants (mal de dos, lombalgie) ;

– pour les douleurs post-traumatiques ;

– dans le syndrome subjectif des traumatisés crâniens (sinistrose) ;

– en obstétrique, où elle demeure un antalgique efficace ;

– dans les cas de céphalées et de migraines ;

– pour les algies faciales.

Ces indications montrent bien que l'hypno-analgésie est surtout utilisée dans des cas de douleurs organiques contrairement à ce que l'on peut croire. Il est vrai que

* Arthroscopie : opération consistant à ouvrir une articulation.

les malades souffrant de douleurs insupportables sont en général très hypnotisables avec une forte motivation.

L'hypnose est également utile au médecin pour établir la différence entre une douleur organique et *psychogène* *. En effet, on a constaté qu'une douleur organique revient au bout de quelques heures après la séance alors qu'une douleur d'origine psychique ne réapparaît qu'au bout de quelques jours, voire quelques semaines.

J'ai pratiqué dans un centre de la douleur pendant cinq ans où j'ai été amené à utiliser l'analgésie hypnotique dans pratiquement toutes les circonstances évoquées plus haut. Pour illustrer mon propos, voici un cas typique du bienfait de l'hypno-analgésie.

Mme S., soixante et onze ans, a commencé à souffrir du bord externe de l'ongle du gros orteil droit en 1969. Une intervention pour ongle incarné est alors pratiquée avec ablation de trois millimètres du bord externe de l'ongle et résection de la matrice correspondante. Les suites opératoires sont normales et les douleurs n'existent plus.

En 1971, une récidive tout à fait identique entraîne une nouvelle ablation partielle, mais les douleurs subsistent et ne cesseront plus.

En 1972, on pratique une ablation totale de l'ongle, car les douleurs apparaissent dès le réveil, s'aggravent dans la journée jusqu'à devenir intolérables. Une biopsie est alors pratiquée en raison d'une suspicion d'une tumeur glomique.

Vers la fin de l'année 1972, devant les douleurs persistantes, une nouvelle intervention est pratiquée; un curetage du lit unguéal ne montre pas de trace de névrome!

---

* Psychogène : d'origine psychique.

En 1973, Mme S. consulte un psychiatre qui lui prescrit une chimiothérapie antidépressive et tranquillisante : aucune amélioration n'est notée.

En 1974, une plastie de l'orteil est pratiquée, mais les douleurs persistent.

En 1976, après une série de stimulations électriques (quarante-huit heures au total), les douleurs sont encore plus accentuées.

En 1978, on hospitalise Mme S., pour syndrome dépressif pendant un mois.

En 1979, dix séances d'acupuncture et plusieurs séances d'auriculothérapie n'entraînent aucun résultat ; les douleurs sont toujours aussi vives.

Début 1980, Mme S. se rend en Angleterre afin de consulter un confrère anglais qui traite les algies par réfrigération. Après plusieurs séances, ce médecin lui conseille de prendre des antidépresseurs.

En novembre 1980, elle consulte au centre de la douleur. Une artériographie du pied droit ne montre pas de lésions visibles. Un test par voie intrarachidienne (bloc caudal) est pratiqué : normalement toute sensibilité des membres inférieurs est abolie. Or, la douleur persiste. Après ce test, le centre de la douleur me l'adresse. Elle souffre maintenant depuis... onze ans, a été opérée près d'une dizaine de fois.

A notre premier entretien, Mme S. décrit ainsi l'algie de son orteil droit : « La souffrance est sans répit du réveil au coucher ; intolérable en position assise, couchée ou immobile. » Après la lecture de son épais dossier et au vu de l'échec de toutes les thérapies entreprises jusqu'alors, je décide de mettre en œuvre une thérapie par hypnose.

Lors de la première séance, Mme S. se met assez rapidement en transe moyenne et répond bien aux tests de suggestibilité. Au réveil elle me dit spontanément que la douleur s'est atténuée pendant l'état hypnotique mais que maintenant elle a de nouveau mal.

Pendant la deuxième séance, quatre jours plus tard, je lui donne des suggestions indirectes sans grands résultats. Après la séance, je dirige l'entretien sur « l'origine probablement non organique de cette douleur ». Mme S. en parle, mais finit par admettre qu'elle a du mal à accepter cela.

En arrivant à la troisième séance, Mme S. me montre avec fierté les chaussures qu'elle porte. C'est la première fois en cinq ans qu'elle n'est pas obligée de mettre des pantoufles Elle m'avoue aussi qu'elle commence à admettre que c'est vraisemblablement psychosomatique.

Après la quatrième séance, elle note une amélioration notable de ses douleurs qui redoublent pourtant lorsqu'elle est contrariée.

A la cinquième séance, « les douleurs s'espacent de quelques heures ».

A la huitième séance, Mme S. ne se plaint plus de douleur du gros orteil. Elle désire cependant continuer à venir me consulter afin « que cette douleur que j'avais depuis dix ans ne recommence plus ».

Ce cas semble donc illustrer d'une manière assez typique, ce que l'hypnose peut apporter dans le traitement symptomatique des algies « ne cédant à aucune thérapie ».

En dentisterie : l'hypnodontie

L'hypnose a pour intérêt non seulement de diminuer ou de supprimer la douleur pré, per et postopératoire, mais aussi de réduire l'anxiété du patient devant un geste chirurgical que l'on redoute généralement. Elle présente de grands avantages chez les enfants par les aspects ludiques et magiques qu'elle apporte dans le cabinet du dentiste.

La technique de Cherchève est une des plus employées en art dentaire : on suggère l'anesthésie de la main droite, puis l'élévation du bras droit et l'application de la main anesthésiée contre le mandibule auquel elle transmettra l'anesthésie par un compte à rebours; on fixe celle-ci à quarante-huit heures. Selon les cas, on peut y adjoindre des suggestions contre le réflexe nauséeux, la salivation, l'hémorragie et l'œdème.

Une autre technique consiste à demander au patient de s'enduire la joue avec une crème supposée anesthésiante.

La fixation du regard reste une technique peu utilisée, mais prisée par certains dentistes du fait de la position « haute » qu'ils ont en opérant. Elle entraîne un état hypnotique assez profond.

Obstétrique

La douleur au moment de l'accouchement est un problème auquel les parturientes et les obstétriciens ont été confrontés depuis toujours. Dans notre culture, on a essayé de soulager la future mère de la douleur, de la tension et de l'anxiété durant le travail et la délivrance, et l'hypnose fut, jusqu'au XIXe siècle, le seul anesthésique utilisé lors de l'accouchement. Il est vrai aussi que des générations de femmes ont été « hypnotisées » par l'idée qu'elles allaient souffrir pendant leur accouchement.

Nombreuses pourtant furent les méthodes proposées, mais on oublie souvent qu'elles s'inspirent toutes des techniques autosuggestives que Platonov, Velvoski et Nikolaïev ont développées au début du siècle en Russie.

Vers 1950, Lamaze les introduit en France et propose sa propre adaptation qui sera répandue en Angleterre et aux États-Unis. Read (1953) développera sa méthode d'accouchement naturelle qui sera également essentiellement employée dans les pays anglo-saxons. Les instructions données contiennent une forte dose de suggestion, et de nombreux auteurs reconnaissent la part « hypnotique » qui existe dans la relation que l'obstétricien établit avec la parturiente.

Techniquement, Hilgard et Hilgard ont identifié huit procédures hypnotiques pour soulager la douleur pendant l'accouchement :

1. répétition de l'entraînement du travail sous hypnose,
2. techniques de relaxation,
3. substitution de la douleur par un symptôme mineur,
4. déplacement du symptôme à une autre partie du corps,
5. suggestion directe sur la douleur,
6. suggestion indirecte,
7. pratique de la séparation imaginative de la scène actuelle,
8. suggestions posthypnotiques pour réduire la gêne postopératoire et mettre en place une attitude positive lors du post-partum.

L'hypno-analgésie comporte des avantages multiples :

- élimination ou réduction de la tension, de la peur et de la douleur avant, pendant et après l'accouchement;
- absence d'exercice rituel de préparation;
- faculté de transmettre le rapport hypnotique à une autre personne, si cela est nécessaire;
- possibilité de l'employer chez des malades allergiques ou qui supportent mal certaines drogues;
- absence d'influence sur des contractions utérines (les analgésiques ont une action dépressive sur les muscles de l'utérus);
- réduction des pertes sanguines;
- possibilité de pratiquer une épisiotomie sans douleur;

– diminution de la fatigue physique et mentale, et atténuation du danger de l'*anoxie** fœtale (les suites sont en général meilleures);

– raccourcissement de la première partie du travail de quelques heures;

La technique que j'utilise vise à un déconditionnement de la crainte et de l'anxiété liées à la douleur supposée, par une représentation concrète de l'accouchement sous hypnose et par la mise en place d'une anesthésie de la main qui se transmet au ventre de la parturiente.

J'y ajoute des moyens didactiques (enseignement de l'anatomie et de la physiologie), physiothérapiques (relaxation, exercices respiratoires) et psychothérapiques (hypno-analgésie).

L'apprentissage de l'autohypnose, ainsi que les suggestions posthypnotiques d'analgésie m'ont permis de soulager mes patientes, malgré mon absence pendant l'accouchement proprement dit.

L'hypnose peut aussi être utilisée pendant la grossesse pour réduire les vomissements des premiers mois, les brûlures précordiales et les flatulences que l'on observe parfois.

---

* Anoxie : diminution de la quantité d'oxygène dans le sang.

IV

SOIGNER LES TROUBLES PSYCHOSOMATIQUES

La médecine moderne est dualiste et distingue les maladies organiques et les maladies mentales. Néanmoins, la sagesse populaire, elle, croit depuis longtemps à l'influence de nos états d'âme sur le développement de nos maladies. Les philosophes également ont eu très tôt cette prescience de nos humeurs sur notre corps. Galien n'affirmait-il pas, quelque deux siècles avant Jésus-Christ, que les femmes « mélancoliques » développaient plus souvent un cancer du sein que celles qui étaient qualifiées de « sanguines ».

Les maladies psychosomatiques sont dues à un manque d'adaptation au stress, et Selye parle de « maladies à stress » dont les plus courantes sont l'ulcère gastro-duodénal, l'hypertension artérielle, les troubles du rythme cardiaque, les maladies coronaires, les dépressions nerveuses, les maladies de la peau et les migraines. L'appareil digestif et l'appareil cardio-vasculaire sont les deux systèmes les plus fréquemment atteints.

Il convient de distinguer le symptôme d'ordre psychosomatique, où le sujet est censé traduire ses conflits, et les maladies psychosomatiques divisées en deux groupes : les troubles psychofonctionnels et les troubles psychosomatiques proprement dits. Ceux-ci sont beaucoup plus rares et constituent d'après Ey et Brisset de véritables maladies de l'adaptation psychique.

Dans ces maladies, l'hypnose est employée du fait de la difficulté de verbalisation des patients, qui se caractérise par ce que l'on appelle la *pensée opératoire* *, ou *alexithymie* **. C'est ainsi qu'un trouble psychosomatique est une traduction organique d'un événement émotionnel ou conflictuel. Les émotions ne sont pas seules en cause dans le développement de ces maladies, certains facteurs prédisposants, culturels, religieux et éducatifs avec des interdits culpabilisants jouent parfois un rôle décisif. Cette influence du psychisme sur le somatique et du corps sur l'âme dans la guérison et dans la morbidité a été un thème à la mode dans la littérature vers la fin des années soixante-dix. Le meilleur exemple est Norman Cousins qui a décrit, dans son best-seller (*Anatomy of an Illness as Perceived by the Patient*, Norton, New York, 1979), la façon dont il s'est guéri lui-même de sa spondylarthrose ankylosante par le rire et la bonne humeur.

« A partir du moment où je n'ai pas accepté le verdict, écrit-il, je n'étais plus piégé par le cercle de la peur, de la dépression et de la douleur qui accompagne fréquemment une prétendue maladie incurable... Je savais que j'avais une bonne chance et me délectais à l'idée de parier sur moi-même. »

Cousins cite aussi Albert Schweitzer : « Chaque patient porte en lui son propre médecin... Nous sommes au meilleur de nous-même quand nous donnons au médecin qui réside au sein de chacun de nous une chance de travailler. »

---

* Pensée opératoire : concept proposé par Marty de M'Uzan et David (1963) pour désigner la pauvreté de l'imaginaire et des capacités de symbolisation de certains patients.

** Alexithymie : Nemiah et Signéos l'utilisent pour désigner l'incapacité à verbaliser ses émotions.

L'hypnose médicale moderne reflète exactement cette idée. Erickson a montré que l'hypnose est un moyen d'aider le patient à faire ce qui est nécessaire pour recouvrer la santé – soit permettre au médecin qui est à l'intérieur de travailler.

A contrario, la même année, dans son livre *Mars*, Fritz Zorn raconte comment il a laissé se développer en lui un cancer qui n'était que l'expression de sa mélancolie : « Toutes les larmes que je n'avais pas pleurées et n'avais pas voulu pleurer au cours de ma vie se seraient amassées dans mon cou et auraient formé cette tumeur parce que leur véritable destination, à savoir d'être pleurées, n'avait pu s'accomplir. »

Le véritable fondateur du mouvement psychosomatique est Georg Groddeck qui se définissait lui-même comme « psychanalyste sauvage » et qui affirmait que tout phénomène humain s'exprime selon deux modes, physique et psychique. Pour lui, la maladie a toujours un sens que le médecin doit saisir s'il souhaite traiter véritablement le patient. Le sens est renfermé dans le « ça » qui est le principe de vie dont le psychisme et le corps sont l'expression.

Cette idée de fonction symbolique de tout trouble psychosomatique a cependant été vivement critiquée par les deux fondateurs du mouvement psychosomatique aux États-Unis : Franz Alexander et Flanders Dunbar, dans un ouvrage sur les modifications corporelles observées lors d'émotions. Pour eux, chaque émotion a sa manifestation corporelle ce qui permettrait d'expliquer pourquoi la personnalité d'un ulcéreux est différente de celle d'un coronarien ou d'un asthmatique. Pour Alexander, ce n'était pas la personnalité, mais le type de conflit vécu par le patient qui avait une plus grande importance. Sa conception est donc multifactorielle, car les conflits ne font que créer les conditions favorables pour le développement des maladies psychosomatiques.

Deux conditions devraient ainsi être réunies : les facteurs de fragilisation somatique constitutionnels ou acquis de l'organe en question et une condition déclenchante, un stress psychologique (deuil par exemple). Cependant, la médecine officielle reste encore très discrète quant aux mécanismes qui permettraient de comprendre comment le corps agit sur l'esprit et inversement. Mais quand bien même découvrirait-on les gènes du cancer ou de la schizophrénie, la biologie moléculaire ne sera jamais suffisante pour expliquer pourquoi la maladie apparaît chez un individu et non chez un autre. Selon Dantzer « le but ultime » de la médecine traditionnelle « est d'améliorer la condition du patient, tout en l'aidant à fonctionner normalement malgré son handicap à comprendre ce dont il souffre, et à incorporer son affection dans sa vie psycho-affective ». Un tel résultat ne pourra cependant être obtenu que par la synthèse entre la psychologie et les sciences biologiques et sociales.

Le recours à une interdisciplinarité, en faisant intervenir des noms combinatoires, tels que la psycho-neuro-endocrinologie ou la psycho-neuro-immunologie, va-t-il contribuer à expliquer les pouvoirs de la psyché sur le somatique et inversement? La psycho-neuro-immunologie pourrait peut-être trouver son pendant psychologique entre chercheurs de différentes disciplines et sortir la psychologie et la biologie de leur cloisonnement.

1. L'ASTHME

Maladie psychosomatique par excellence en raison de l'intrication des facteurs psychologiques et allergiques, l'asthme se déclenche dans des circonstances qui mettent en cause aussi bien l'environnement que l'affectivité du sujet. Son étiologie multifactorielle est soulignée par Kourilski pour qui la seule allergie ne rend pas compte de l'évolution de l'asthme. Les Anglo-Saxons, eux, font la distinction entre l'asthme extrinsèque et l'asthme intrinsèque.

Il est intéressant de rappeler que l'asthme, comme l'eczéma, disparaît quand les patients sont sur le point de faire un épisode dépressif pour réapparaître dès la guérison du trouble psychologique.

Sur le plan physiologique, Tiffeneau (1957) met en évidence l'existence de troubles du système sympathique en notant que chez 75 % d'asthmatiques, les émotions provoquent une baisse du seuil de l'excitabilité à l'acétylcholine et sont ainsi susceptibles de provoquer une crise.

Les travaux de Boule à Leningrad (1965) montrent la possibilité de déclenchement d'une crise par simple suggestion chez un asthmatique avéré (ce qui est impossible chez un non-asthmatique).

D'un point de vue psychanalytique, René Held considère que les asthmatiques sont des immatures affectifs. Pour lui, il se produirait un déplacement de l'angoisse sur le circuit respiratoire lors d'une frustration affective. Il est vrai que lors d'une crise, le symptôme essentiel est l'angoisse qui est disproportionnée avec l'intensité des symptômes strictement respiratoires.

French et Alexander (1941) définissent l'asthme comme « un cri étouffé vers la mère perdue » et certains auteurs la considèrent comme une pathologie de conversion.

Le rôle de l'hypnose

Crasilneck et Hall (1985), Kroger (1977), aux États-Unis, ont rapporté leur pratique de l'hypnose dans le traitement de l'asthme et avec Black et Friedmann (1965) ils ont démontré expérimentalement que la réaction d'hypersensibilité immédiate est « une réaction immunologique dépendante du cerveau ».

Maher-Loughan (1962-1968-1970) fait état dans une étude de 173 cas de 82 % de guérisons complètes. Pour lui, le traitement par l'hypnose et l'autohypnose a été beaucoup plus efficace que l'usage du bronchodilatateur ou de la relaxation suivie d'exercices respiratoires. Il remarque également que les patients dont l'asthme est provoqué par une cause allergique ou une infection respiratoire guérissent aussi bien que ceux qui ont fait une crise d'origine émotionnelle.

Crasilneck et Hall ont utilisé l'hypnose dans des urgences. Ils décrivent le cas d'une jeune femme qui est parvenue à obtenir un soulagement à une attaque qui durait depuis trois jours après dix minutes d'utilisation d'une technique d'hypnose. Sinclair-Grieben fait état d'une réponse similaire chez un homme de soixante ans en état de mal asthmatique. Ces cas restent cependant anecdotiques, car l'hypnose peut être un instrument capital dans l'arrêt d'une crise, mais s'emploie surtout dans un traitement au long cours.

Ma technique

Faire disparaître totalement les crises me paraît illusoire, mais non de réduire la chimiothérapie corticoïde et bronchodilatatrice. Je suis persuadé que l'hypnose permet au patient de se rendre compte de la possibilité qu'il a, grâce à son psychisme, d'intervenir sur sa capacité respiratoire et d'arrêter éventuellement une crise. Pendant celle-ci, je donne de simples suggestions de relaxation afin de diminuer l'angoisse liée à la constriction des muscles bronchiques.

La cure hypnotique de l'asthmatique consiste en des exercices respiratoires servant de méthode d'approfondissement de l'état hypnotique, et en un apprentissage de techniques autohypnotiques. Ils lui permettent de se mettre en état d'hypnose à un signe-signal avec relaxation des muscles bronchiques et de couper court à une crise débutante. La cure a également pour but de renforcer le Moi du sujet.

Voici, plus en détail, comment se déroule le traitement. Cela commence par un conditionnement à un *signaling* (le serrement du poing ou l'évocation d'un paysage pour ceux qui sont plus « imaginatifs » que « corporels ».

J'induis souvent des représentations de paysages (montagne, forêt) où le patient peut respirer « à pleins poumons »; les sensations de fraîcheur semblent être prisées par les asthmatiques.

L'évocation de « l'arbre bronchique » et de ses alvéoles comme des « feuilles frissonnant à la brise » me sert à faire prendre conscience à l'asthmatique de son appareil respiratoire qu'il vit négativement.

Les nombreux asthmatiques soignés par hypnothérapie assurent que l'autohypnose leur a été d'un grand secours pour maîtriser une attaque d'asthme. Souvent une demande de prise en charge par hypnose par un asthmatique s'avère une très bonne occasion pour aborder les aspects psychopathologiques de sa maladie. La cure hypnotique débouchera alors sur une psychothérapie.

Il me semble donc que l'hypnose est une thérapie de choix pour l'asthme, car elle permet non seulement une diminution de l'angoisse, mais elle redonne au sujet, grâce à l'autohypnose, un certain contrôle sur ses crises. Se mettant en relaxation et en évoquant l'image mentale à laquelle il a été conditionné, ou en pratiquant le signaling moteur il reprendra confiance en ses propres ressources pour vaincre sa maladie et éventuellement entraîner une augmentation de ses défenses immunitaires. Mais il ne faudrait pas croire qu'un asthmatique pourra arrêter les traitements prescrits par ailleurs.

2. L'HYPERTENSION ARTÉRIELLE

De nombreux chercheurs ont développé des théories psychosomatiques de l'hypertension artérielle. Parmi eux, Alexander estime que les hypertendus sont des sujets qui ne peuvent extérioriser librement leurs pulsions agressives.

Miasnikov, partisan de la théorie psycho-émotionnelle, soutient la thèse que l'hypertendu montrerait une incapacité foncière à s'adapter aux modifications et aux fluctuations de son environnement. Il accorde, comme beaucoup d'autres d'ailleurs, une place particulière au stress qui est considéré comme le facteur essentiel; les autres facteurs (alimentation, hérédité, tabac, etc.) ne seraient que secondaires.

James Lynch a établi un lien direct entre incommunicabilité et maladies cardio-vasculaires; il a montré que l'hypertension artérielle est un véritable « cri du cœur » qui exprime une souffrance que le patient ne peut exprimer autrement et qu'il garde secrètement cachée.

Ces considérations théoriques ont jeté les bases de l'utilisation de l'hypnose dans le traitement de l'hypertension artérielle.

Le rôle de l'hypnose

Afin de montrer de manière probante l'efficacité de l'hypnose, Deabler H.L. et coll. (1973) ont fait une étude comparative. Ils ont pu remarquer que l'abaissement de la tension artérielle était plus important dans le groupe traité par hypnose que dans celui soumis à la relaxation.

Ma propre expérience m'a montré qu'il était nécessaire de pratiquer des séances suffisamment longues, de véritables cures de « sommeil hypnotique » de une à deux heures pour amener une diminution notable et durable des chiffres tensionnels – diastolique et systolique. L'apprentissage d'une technique d'autohypnose s'avère donc indispensable.

En règle générale, j'ai pris en charge des patients qui ne souhaitaient pas une aide médicamenteuse ; les meilleurs résultats ont été des cas où étaient associées chimiothérapie et hypnothérapie, cette dernière devenant donc un adjuvant du traitement.

L'angor ou l'insuffisance coronarienne chronique

Dans une étude menée dans les années soixante, des cardiologues américains ont démontré l'existence d'une relation significative entre les traits de la personnalité d'un sujet et l'apparition de maladies coronariennes. Ces patients sont en général agressifs, impulsifs, manifestent un désir de domination, un esprit de compétition et une forte ambition.

Le rôle des facteurs psychologiques a été ainsi mis en évidence dans le déclenchement des crises d'angine de poitrine, ou « d'angor névrotique », comme on l'appelait dans le passé.

Boule, à Leningrad, fait état d'une étude de cinquante patients, atteints d'angine de poitrine et traités avec succès par hypnose. Pour lui « l'angine de poitrine peut apparaître en dehors de tout facteur artérioscléreux ; d'autre part, l'artériosclérose seule n'est pas suffisante pour déclencher la maladie ». Il soutient, par ailleurs, l'hypothèse que « l'artériosclérose des coronaires est parfois la conséquence et non la cause de l'angine de poitrine ». Cette position est actuellement partagée par de nombreux somaticiens.

Rager, cardiologue et directeur du centre de sophrologie de Bordeaux, rapporte dans son livre *Hypnose, sophrologie et médecine* (Fayard, 1973) une série d'expériences de l'utilisation de l'hypnose et de la sophrologie en pathologie cardio-vasculaire.

D'autres pathologies vasculaires, telle la maladie de Raynaud et de Beurger, peuvent bénéficier des thérapies hypnotiques du fait de la possibilité de contrôler le flux sanguin. La technique consiste en une induction d'un apport de sang plus important aux extrémités et une chaleur des mains.

3. L'APPAREIL DIGESTIF

De par la valeur symbolique du ventre, on ne compte plus les patients qui présentent des troubles d'ordre psychosomatique et qui consultent en gastro-entérologie. En fait, on estime qu'ils représentent plus de 50 % de la clientèle des gastro-entérologues. Ceux-ci le savent bien et ils ont établi depuis longtemps la relation entre le stress et les manifestations gastro-intestinales.

Il est vrai que le ventre est le symbole de la mère et que son malaise reflète en général un besoin de protection, voire de tendresse ; souvent on l'associe à un désir de régression à l'utérus maternel, surtout lors de graves perturbations affectives.

Sa dimension sexuelle doit être également prise en compte ainsi que ses représentations bénéfiques ou menaçantes : le fantasme du vagin denté symbolise bien la castration chez le petit garçon. Dans ce domaine symbolique, le ventre est aussi le siège des appétits, des désirs dont la voracité est effrayante pour qui ne connaît pas son animalité profonde.

La médecine psychosomatique a développé différentes hypothèses pour expliquer la grande variété de facteurs et de mécanismes pouvant être mis en cause (Alexander, Janet) dans l'apparition de troubles fonctionnels et de douleurs abdominales, voire de lésions organiques, comme l'ulcère ou la recto-colite hémorragique. Les viscères sont en effet largement innervés par le système nerveux végétatif et sont les véhicules essentiels d'expression des émotions et de la tension nerveuse : la peur nous « prend au ventre », les diarrhées surviennent lors d'une forte émotion, etc.

De nombreux psychanalystes ont montré le rôle central que le système digestif joue dans le développement psycho-affectif du jeune enfant. Les stades oral et anal de Freud en sont des exemples probants. Certains affirment même que « toute la vie affective se joue autour de la fonction digestive ». Sans aller jusqu'à une telle affirmation, il me semble que l'ingestion de la nourriture et la défécation sont en effet des moments cruciaux autour desquels vont se mettre en place des états émotionnels et tout un système relationnel avec l'entourage. Ce système de relation du sujet au monde portera donc l'empreinte des expériences infantiles. Par conséquent, toute perturbation survenue dans les stades précoces du développement de la fonction digestive aura des répercussions dans la vie relationnelle de l'adulte; inversement, il n'est pas rare de constater des troubles de la communication chez les patients souffrant de maladies digestives.

Le rôle de l'hypnose

J'ai utilisé l'hypnose avec succès dans le traitement de la colopathie fonctionnelle, des colites spasmodiques, des troubles de la déglutition et de la rectocolite hémorragique. Néanmoins, d'autres médecins l'ont employée dans l'ulcère gastro-duodénal, les dyskinésies biliaires et dans les suites opératoires pour l'obtention des premières selles.

La colopathie fonctionnelle et la colite spasmodique

Ce sont des affections extrêmement fréquentes car cinq millions de Français souffriraient de ces troubles.

La douleur, la constipation et les troubles *dyspeptiques* * sont les symptômes les plus souvent mentionnés par les patients. Souvent, ils consultent pour une prise en charge par hypnose après avoir essayé de nombreux traitements qui ne leur ont apporté qu'une aide momentanée.

En général, j'applique une technique basée sur une relaxation profonde en insistant sur la détente du plexus solaire. J'accompagne mes paroles d'un toucher de cette région. J'évoque souvent un « soleil qui relâche tous les organes abdominaux en diffusant sa chaleur ». Cette relaxation qui peut avoir des effets thérapeutiques en elle-même permet par ailleurs l'apprentissage d'une technique d'autohypnose que le sujet pratiquera chez lui par la suite.

Là plus qu'ailleurs, l'écoute du patient est importante pour créer les suggestions appropriées. J'ai évoqué plus haut l'aspect symbolique de toute douleur abdominale qui se manifeste aussi dans la richesse et la diversité des images que les patients expriment pour décrire leurs symptômes. L'un explique sa constipation par le fait que son intestin est tendu comme un « élastique » que je lui demande alors de « relâcher » progressivement, un autre me parle « des vagues de douleurs » qui envahissent son ventre et à qui j'ai proposé de visualiser les « vagues de la mer qui s'échouent et disparaissent doucement sur la plage ».

La recto-colite hémorragique

Cette affection moins fréquente se caractérise par un suintement sanguinolent et purulent au niveau de l'anus lors des selles (il existe une abrasion et une perte de substance au niveau de la muqueuse intestinale).

Durant les poussées, le sujet présente des diarrhées

* Dyspepsie : digestion difficile.

pouvant aller jusqu'à dix à quinze fois dans la journée; la défécation est douloureuse lors de l'émission de selles sanguino-purulentes.

Les crises durent en général quelques semaines et sont très handicapantes, le sujet se trouvant dans l'impossibilité de travailler. Les médicaments comme les corticoïdes apportent une amélioration lors des crises mais n'ont pas d'effet préventif; les récidives sont fréquentes, d'où l'utilité d'une aide psychologique où l'hypnose trouve sa place indépendamment des effets plus spécifiques qu'elle apporte.

On retrouve chez les patients un profil psychologique souvent identique où dominent de mauvaises relations parentales. En général, ils n'ont pas été allaités alors qu'ils présentaient à leur naissance un poids inférieur à la normale. Ils ont été affectés par des retards dans l'apprentissage de la marche ou du langage et ont fait preuve d'immaturité.

On découvre souvent un épisode traumatique qu'ils ont vécu dans leur petite enfance, grâce à une exploration hypno-analytique. Un de mes patients a revécu le sentiment d'abandon qu'il éprouvait lorsque sa mère ne le nourrissait pas et s'est souvenu de ses cris et de ses pleurs de nourrisson.

Il me semble cependant que le rôle de ces épisodes traumatiques dans le déclenchement de la maladie est difficile à mettre en évidence. En revanche, des facteurs immunologiques connus existent et permettent de comprendre si ce n'est le déclenchement, du moins le maintien de la maladie. Ces considérations psychologiques et physiologiques aident à mieux appréhender la possibilité d'une action thérapeutique par hypnose dans la recto-colite hémorragique. En voici, un exemple.

M. F., quarante-cinq ans, est steward à Air France. Il souffre d'une recto-colite hémorragique depuis l'âge de douze ans et a suivi de nombreuses thérapies médicamenteuses et une psychothérapie de soutien par un psychiatre. Voilà cinq ans, il a connu une rémission à la suite de quelques séances chez un sophrologue.

Lorsqu'il vient me consulter, il est en arrêt de travail et est en crise depuis deux semaines (une dizaine de diarrhées par jour), les médicaments étant sans effet. Il me déclare que sa maladie a eu un rôle déterminant dans sa vie. Elle l'empêche de voler et le réduit à un poste au sol ce qui nuit à sa carrière. Marié, deux enfants, il s'entend bien avec sa femme et ne semble pas avoir de problème relationnel. Bien inséré sur le plan social, il s'occupe d'une association pour venir en aide aux victimes du sida et a des projets d'investissements dans l'immobilier de vacances. Je ne trouve aucun facteur déclenchant de la poussée actuelle.

Lors de la première séance il s'avère être un bon sujet hypnotisable avec une grande capacité de visualisation. Je lui suggère d'entrer dans son intestin afin de voir ce qui s'y passe vraiment.

M. F. : – Je me vois comme dans un tunnel blanc, je sais qu'il y a un morceau du mur qui s'effrite.

Dr H. : – Comment allez-vous faire pour réparer cela ?

M. F. : – Je me vois en habit blanc, comme un plâtrier ; je vais replâtrer cette partie de la cloison afin qu'elle ne suinte plus.

Dr H. : – Allez-y.

Je laisse alors au patient le temps de vivre son expérience de réparation de sa muqueuse. Au réveil, il me dit avoir vécu intensément ce qu'il a vu. Je lui demande de refaire cette expérience de visualisation aussi souvent qu'il le pourra.

A la séance suivante, quelques jours plus tard, il m'informe qu'il a suivi mon conseil et cela même dans les embouteillages. Il a l'impression que les diarrhées sont moins fréquentes et moins douloureuses. Je recommence le travail d'imagerie mentale en lui suggérant de rendre le mur totalement imperméable cette fois-ci.

M. F. : – Ce serait encore mieux de recouvrir le pan du mur d'une bâche, qui serait une sorte de pellicule qui permettrait la cicatrisation de ma plaie comme sous un pansement.

Dr H. : – C'est certainement une très bonne idée, car les microbes de votre intestin ne pourront plus infecter votre muqueuse dénudée.

On voit là la grande facilité avec laquelle le sujet hypnotisé peut basculer d'un registre de conceptualisation de sa maladie à un autre. Le thérapeute n'a pas d'autre choix que de le suivre, de l'accompagner afin de le renforcer dans ses propres suggestions.

A la troisième séance, M. F. arrive tout content d'avoir pu enrayer la crise : « Depuis trois jours, dit-il, c'est terminé, plus de diarrhée, ni d'écoulement désagréable, mes selles sont bien moulées ! »

Un suivi de plus de trois ans confirme le résultat obtenu chez ce patient.

Dans un autre cas, j'ai été amené à donner des suggestions plus « physiologiques », en usant de visualisations « à la Simonton ». Le patient avait une vue très physiologique de sa maladie, car son gastro-entérologue lui avait montré lors d'une endoscopie la muqueuse de son intestin. Depuis, il ne pouvait s'imaginer autrement son affection. Comme il était très versé en immunologie, je lui ai suggéré de se représenter « ses lymphocytes B et ces cellules tueuses qui se trouvent à la périphérie de sa plaie intestinale, en train de passer à l'assaut des anticorps qui empêchent la cicatrisation de sa muqueuse. »

Je lui ai demandé de mieux alimenter en sang cette partie de sa muqueuse, afin d'y amener tous les éléments nécessaires à la guérison et de drainer la plaie.

Beaucoup d'autres suggestions sont ainsi possibles chez les sujets atteints de maladies psychosomatiques à forte composante organique. Mais encore une fois, ce n'est que la représentation par le patient de sa maladie qui me permet de construire des suggestions thérapeutiques.

4. L'APPAREIL URO-GÉNITAL

L'appareil uro-génital est souvent le siège de troubles psychosomatiques, car il est au carrefour de fonctions aussi vitales que l'excrétion, la reproduction et la sexualité.

Son symbolisme entraîne l'apparition de troubles souvent difficilement supportables par les patients qui demandent un soulagement rapide de leurs symptômes. Il est vrai aussi que les douleurs des coliques néphrétiques sont réputées être parmi les plus violentes.

L'hypnose est surtout utilisée, c'est chose courante aux États-Unis, lors d'interventions chirurgicales mineures, telles que la dilatation urétrale, la cystoscopie, le sondage des uretères, la cystographie et la méatotomie urétrale. On induit une anesthésie hypnotique pour la pratique de ces interventions urologiques et pour prolonger l'absence d'effets désagréables postopératoires.

Je l'ai employée pour des rétentions d'urine après des interventions chirurgicales en demandant au sujet de bien se relaxer et de se souvenir de la sensation agréable qu'il éprouve lors d'une miction retenue pendant longtemps.

L'incontinence constitue également une bonne indication; les séances se pratiquent à la demande et on insiste sur le fait que « personne d'autre que le sujet n'a de possibilité d'action sur son propre corps et que tout ce qui se passera ne sera que le résultat de son propre choix » (Cucinotta, 1961).

L'énurésie chez l'enfant sera examinée dans le chapitre consacré à l'hypnose et l'enfant.

L'énurésie postpubertaire difficilement traitable constitue une indication de premier choix selon Chertok. J'en ai moi-même traité une bonne dizaine de cas avec succès.

Voici le cas d'un jeune homme d'une vingtaine d'années, venu me consulter après le départ de son amie qui ne pouvait plus supporter qu'il fasse quatre à cinq fois pipi au lit dans la semaine. Il a essayé de nombreux traitements classiques (antidépresseur tricyclique, Minirin, etc.), suivi une psychothérapie pendant deux ans sans aucun effet sur son symptôme. Totalement désespéré, il est au bord de la dépression, car il se demande s'il pourra un jour « vivre une vie normale ».

Comme il répond bien aux tests d'hypnotisabilité, je lui enseigne une technique d'autohypnose qui lui permet juste avant de s'endormir de se visualiser en train de « fermer le robinet ». Pendant plusieurs séances je lui demande de se représenter son sexe comme un robinet qu'il « fermera bien avant d'aller se coucher ». Cette technique a donné de bons résultats au bout de quelques séances et a permis à ce jeune homme de reprendre une relation sentimentale.

« *Pee-Shy problems* »

C'est un trouble qui se manifeste par une incapacité à uriner dans des toilettes publiques quand d'autres personnes se trouvent alentour. Les sujets appelés « Pee-Shy » (pipi-timide) par les Anglo-Saxons sont parfois si handicapés qu'ils évitent de passer une nuit en dehors de leur domicile ou même de se marier. Ainsi, un de mes patients était incapable de faire pipi dans le train ou dans l'avion.

Les causes en sont variées comme par exemple une

confusion de l'identité sexuelle à un niveau inconscient. On retrouve parfois un événement traumatique, telle une remarque enfantine du genre : « Tu as un pénis si petit que je me demande si t'es véritablement un garçon », ou encore une fausse accusation de masturbation.

Voici l'exemple révélateur d'un homme de quarante ans venu me consulter, car il présente ce symptôme depuis l'âge de vingt ans. A cet âge, il s'est trouvé au festival de la jeunesse et des étudiants à Berlin et a dû patienter trente minutes avant d'avoir accès aux toilettes. Arrivé à l'intérieur de l'urinoir, il sait qu'il est obligé de faire pipi rapidement, entouré de deux autres étudiants qui, pour rire, poussaient des grands soupirs de soulagement. Ayant pris un certain retard sur les deux autres, il a ressenti une sorte de « blocage ». Ceux qui étaient derrière lui ont commencé à plaisanter en allemand, langue qu'il ne comprenait pas. Incapable d'assouvir son besoin pressant, il a pris la fuite sous ce qu'il croyait être les quolibets des autres.

Depuis cette époque, il ne peut uriner en présence d'autres personnes et s'enferme systématiquement dans les toilettes. Dernièrement, il s'est aperçu qu'il ne pouvait plus uriner à l'extérieur, craignant que quelqu'un ne le regarde.

L'exploration hypno-analytique a permis de mettre en évidence des phantasmes d'homosexualité réprimée que j'ai traités par une psychothérapie et un reconditionnement hypnotique.

Les cystalgies à urines claires

Symptômes fréquents que l'on rencontre chez les femmes d'une cinquantaine d'années, ils ont une composante psychologique importante. Là aussi les traitements classiques à la recherche d'une éventuelle infection donnent peu de résultats.

L'hypnose permet souvent de mettre en évidence l'aspect psychosomatique et de réduire les nombreux examens demandés et prescrits. Cependant, j'ai noté l'apparition de symptômes substitutifs par déplacement dans plusieurs cas. Il me semble donc opportun d'entreprendre une prise en charge psychothérapique avec un suivi par un urologue.

5. LES MALADIES DE LA PEAU

Il existe une relation très importante entre la peau et le système nerveux du fait de leurs origines embryologiques (ils viennent tous deux de l'ectoderme). Cela explique en grande partie l'influence considérable de notre état psychique sur notre peau.

Plus prosaïquement, rougir, pâlir, avoir une modification de la sudation ou la chair de poule sont des phénomènes que chacun de nous a expérimentés dans les circonstances particulières de notre vie émotionnelle et affective.

Ainsi, Chertok (1975) a fait une expérience intéressante. Sous hypnose, il a suggéré à une patiente qu'une pièce de cinq francs, posée sur le bras, était brûlante. Quelques heures plus tard une cloque est apparue, comme si la patiente avait été vraiment brûlée!

De nombreux travaux ont été consacrés au traitement des verrues planes dont l'origine virale est confirmée actuellement. Vers 1960 un laboratoire américain a été sponsorisé de manière importante pour comprendre le mécanisme de l'action de l'hypnose sur cette maladie; on a ainsi mis en évidence le lien direct entre l'apparition de verrues chez un sujet et le relâchement de ses défenses immunologiques.

Les expérimentations de Kartamychev (1953) en Union soviétique, de Wittkower et Russel (1953) aux États-Unis ont prouvé que la suggestion rétablirait le potentiel défensif de l'individu. Mais l'étude la plus intéressante est celle de Sinclair-Gieben et Chalmers (1959) qui ont suggéré à quatorze patients sous hypnose que leurs verrues allaient disparaître seulement sur un côté de leur corps : dans une période allant de cinq semaines à trois mois, une régression a été constatée chez neuf patients sur le côté « traité » alors que rien n'était changé sur l'autre côté du corps. On pense que les suggestions peuvent agir sur le flux sanguin à travers les modifications du système nerveux autonome et qu'elles ont par ailleurs une influence indirecte sur le système immunitaire.

J'ai utilisé souvent la visualisation de la diminution ou de l'arrêt du flux sanguin vers les verrues en disant : « Cela va entraîner leur assèchement. » Parfois, je suggère au contraire la dilatation des vaisseaux sanguins qui alimentent les verrues pour que « plus d'anticorps et de lymphocytes les attaquent ». Bien entendu, les suggestions sont créées à partir de ce que le patient m'aura dit.

J'ai également appliqué l'hypnose dans l'eczéma, le psoriasis, les neuro-dermatoses, la pelade, les pigmentations (vitiligo), les prurits, l'urticaire avec des résultats satisfaisants.

La calvitie

Dernièrement, j'ai traité un cas de calvitie chez un patient de trente ans; je lui ai suggéré de se représenter son cuir chevelu comme une sorte de tamis d'où allaient pousser des petits germes, ou encore de se voir en train de se laver les cheveux et de bien ressentir ses cheveux entre ses mains lors du shampooing. Une exploration hypno-analytique avec visualisation de soi dans un endroit agréable où il se sentirait parfaitement bien, a mis en évidence des problèmes relationnels avec les femmes, où la perte de ses cheveux jouait un rôle d'évitement. La prise de conscience de ce problème relationnel, ainsi que l'imagerie mentale ont permis une reprise de la pousse de ses cheveux.

L'eczéma

Un homme de soixante-quatre ans m'est adressé à l'hôpital par un confrère psychiatre pour un « eczéma atopique particulièrement invalidant en relation directe avec des difficultés familiales et matérielles (dettes) ».

Ce patient a toujours souffert de carences affectives subjectives (il fait état lors de la première consultation du décès d'une sœur en bas âge et de divers placements chez des mères nourricières). A quinze ans c'est l'exode et à dix-huit ans il entre dans le maquis où il est initié aux jeux de cartes dont il tire un plaisir manifeste. Pris par les Allemands, il est déporté pendant quinze mois.

Il se marie à trente ans et se sépare de sa femme quelques mois plus tard; au cours de la procédure de divorce, on lui reproche d'avoir dilapidé les biens de la famille au jeu.

Je le reçois alors qu'il se trouve encore à l'hôpital psychiatrique où il a été admis pour une tentative de suicide. Il n'avait pas supporté de changer d'appartement et il était couvert de dettes de jeu qu'il ne pouvait rembourser.

L'examen psychiatrique montre un sentiment d'échec avec isolement, solitude, ennui, autodépréciation, bref un syndrome dépressif qui devrait pouvoir bénéficier d'un traitement antidépresseur. Le contact est en revanche très bon et il me raconte sa vie sur un mode assez « joueur » : « Il faut savoir perdre dans la vie parfois. »

Il accepte le traitement, mais me demande de soulager son eczéma qui serait apparu la première fois alors qu'il se trouvait dans le maquis après la mort de plusieurs de ses camarades dans une embuscade. Depuis, il a toujours eu des plaques d'eczéma, mais jamais il n'a eu le corps couvert comme c'est le cas actuellement. Je lui propose de le voir une dizaine de fois.

Lors de la première séance, il montre un haut niveau d'hypnotisabilité et tombe dans un « sommeil léthargique ». Je lui propose de « se représenter une rivière, d'entendre l'eau couler, de sentir l'air frais... et de se voir en train d'entrer dans cette rivière pour aller laver ses bras et ses jambes ; cette eau douce enlèvera toutes ces plaques rouges et rendra sa peau douce, saine... »

A la quatrième séance (vingt jours plus tard), il arrive catastrophé. Il est sorti de l'hôpital psychiatrique avec une aggravation de son eczéma : « Je suis couvert d'écailles ! » En fait, il est en desquamation complète, et sa peau s'est totalement asséchée, il n'y a plus aucune vésicule. Je le rassure donc et lui affirme qu'il est en train de guérir complètement. Sous hypnose, j'insiste sur cette desquamation qui va partir au contact de l'eau de la rivière et qui va laisser « sa peau parfaitement lisse et douce ».

Il arrive une semaine plus tard complètement guéri et joyeux, se sentant beaucoup mieux sur le plan psychique. Je l'ai suivi encore six mois et je n'ai pas constaté de nouvelle crise ni de symptôme de substitution.

Les suggestions données ont été très simples et n'expliquent qu'en partie le résultat rapide et surprenant. L'amélioration de son état psychique par le traitement antidépresseur et la relation psychothérapique de bonne qualité qui s'est instaurée dès le départ ont dû jouer un rôle important dans sa guérison.

6. LES RHUMATISMES

L'hypnose pourra être utilisée pour la sédation de la douleur d'origine psychogène. Il est nécessaire néanmoins, avant d'entreprendre une hypnothérapie, d'éliminer une éventuelle cause organique.

Troubles musculo-squelettiques

L'influence du psychisme sur le développement de certaines maladies en rhumatologie est de plus en plus admise par les médecins somaticiens qui appréhendent mieux le mécanisme des modifications des influences psychiques sur l'évolution des maladies à composante immunitaire.

La polyarthrite rhumatoïde a fait l'objet de recherches en laboratoire (Dantzer, 1989) et pour Alexander, elle se développe chez des sujets qui, ayant été l'objet d'une trop grande sollicitude de la part de leurs parents, finissent par se révolter en s'extériorisant à travers des activités physiques. Ils présentent par la suite une tendance névrotique à vouloir contrôler leur entourage.

Pour d'autres auteurs (French, Shapiro) la maladie rhumatismale est l'expression d'un conflit inconscient : les sujets déchargent leurs tendances refoulées par une augmentation du tonus musculaire; celui-ci entraînerait des micro-traumatismes articulaires favorisant le développement d'un processus morbide préexistant.

Les algodystrophies sympathiques, où la douleur occupe la première place dans la symptomatologie, représentent une bonne indication de traitement par hypnose et j'en ai traité plusieurs cas. Il s'agit d'un trouble dû à un dérèglement de l'innervation neurovégétative d'un membre et qui se caractérise par des troubles vaso-moteurs et trophiques.

Ainsi, une femme de cinquante ans, médecin-radiologue, m'a été adressée par un confrère anesthésiologiste pour une algodystrophie du membre inférieur gauche.

Elle arrive à la première consultation en marchant

avec une canne et me raconte qu'elle s'est cassé la jambe aux sports d'hiver il y a un an. Elle aurait remarché trop rapidement sur sa jambe après qu'on lui a enlevé le plâtre ! Elle se justifie en disant qu'il fallait absolument qu'elle reprenne son travail après plusieurs semaines d'arrêt.

Lors des deux premières séances, je lui donne des suggestions visant à supprimer la douleur ainsi que de la chaleur dans sa jambe ; cela semble agir favorablement sur son trouble puisqu'elle prend sa voiture pour venir me voir à la troisième séance, bien qu'elle ait du mal à freiner brusquement !

Lors des séances suivantes, je lui demande de percevoir « des impulsions électriques de son système nerveux végétatif allant innerver les muscles de sa jambe ». Après quelques séances, elle me dit que cela l'a un peu aidée, mais qu'elle ne comprend pas pourquoi je lui parle « d'innervation ».

J'avais en effet construit mes suggestions à partir de l'interprétation médicale de l'algodystrophie sachant qu'elle était médecin. Or, cette conception s'avère ne pas être « la représentation de sa maladie » qu'elle voit essentiellement comme un trouble « trophique où des toxines se sont accumulées dans ses muscles du fait de la dégradation de leur masse. »

Je rectifie mes suggestions en lui demandant de se représenter « son système veineux et lymphatique drainant ses muscles et éliminant par là même les toxines ».

Elle visualisa régulièrement pendant quelques jours ce drainage des toxines et constata une amélioration nette de la mobilité de son membre, à tel point qu'elle abandonna sa canne et partit en vacances au ski quelques semaines plus tard.

Torticolis

Une jeune femme de vingt ans m'est adressée par le psychiatre d'un service de chirurgie orthopédique quel ques jours avant d'être opérée d'un torticolis qui dure depuis trois mois. L'examen montre qu'elle ne peut pratiquement pas bouger sa tête qui reste penchée ; à la moindre tentative elle manifeste une douleur aiguë. L'entretien m'apprend qu'il ne s'agit pas d'une personnalité de type hystérique, malgré un certain *histrionisme**. En accord avec le chirurgien, je décide de faire quelques séances d'hypnose à titre exploratoire et donc de surseoir à l'acte chirurgical. Dès la première séance, elle tombe dans un état de léthargie, tous les tests d'hypnotisabilité sont positifs, mais la moindre velléité de ma part de lui toucher le cou entraîne une grimace de douleur. A la seconde séance quelques jours plus tard, je parviens à établir un contact grâce au signaling du doigt : elle consent à essayer de bouger elle-même son cou ; quelques petits mouvements sont obtenus.

L'exploration hypno-analytique avec une régression au jour de la mise en place de son symptôme m'apprend qu'une nouvelle dispute venait d'éclater entre ses parents où elle serait intervenue. « J'ai voulu défendre maman et je me suis jetée sur mon père, mais maman m'a rattrapée par les cheveux et m'a tirée en arrière, j'ai senti comme un craquement dans mon cou et je suis tombée. Quand je me suis réveillée, ils étaient tous les deux autour de moi, j'avais très mal au cou et je ne pouvais plus bouger la tête. »

Je lui demande alors de revivre cette scène tout en commençant à bouger son cou, elle se laisse faire et j'arrive à lui faire pencher la tête dans toutes les directions. Elle se réveille, me dit qu'elle a mal au cou tout en tournant sa tête. Elle n'est jamais revenue me voir, mais m'a envoyé un petit mot un an plus tard pour me remercier de lui avoir évité une opération.

---

* Histrionisme : comportement caractérisé par un certain théâtralisme.

7. LES MIGRAINES

Les dernières statistiques font état de trois à quatre millions de migraineux en France, dont deux tiers de femmes. C'est une affection très invalidante, bien que considérée comme bénigne. En effet, il ne faut pas oublier que 90 % des migraineux peuvent être soulagés par les traitements existants.

La migraine touche ainsi surtout les femmes avec une prédilection pour les sujets âgés de trente à trente-neuf ans. Le statut socioprofessionnel semble avoir une influence : le secteur tertiaire serait le plus atteint, en particulier les instituteurs, les vendeurs (démarcheurs à domicile), les employés administratifs et les professions paramédicales.

La migraine est due à une vaso-constriction initiale des artères du crâne suivie de leur dilatation et de leur distension. Cela se traduit sur le plan clinique par une douleur pulsative uni– ou bilatérale, souvent avec nausées qui peuvent être accompagnées de vomissements, une photophobie ou une phonophobie. Elle évolue par crises, sans signe neurologique accompagnateur dans sa forme commune.

Le diagnostic posé, l'étiologie trouvée, le céphalalgique peut bénéficier d'une thérapie par hypnose tout en suivant par ailleurs un traitement de fond ou un traitement médicamenteux ponctuel pour ses crises.

Sur un plan pratique, plusieurs auteurs (Daniels, 1976, Stambaugh et House, 1977) ont rapporté des cas de migraines traitées par hypnose. Yarnell (1980) fait état d'une étude de trente-six femmes migraineuses avec une rémission complète dans 76 % des cas avec utilisation de techniques autohypnotiques : renforcement du Moi, suggestions de chaleur dans les mains et entraînement assertif. Pour lui, la combinaison de ses trois composantes entraîne une augmentation significative du taux de réussite.

J'ai utilisé l'hypnose pour son action relaxante sur la contraction du cuir chevelu et la tension des muscles cervicaux et contre la douleur (toutes les techniques hypno-analgésiques décrites dans le chapitre sur la douleur peuvent être employées).

Une technique particulière consiste à établir un signe-signal entre le serrement du poing puis son relâchement et la relaxation du cuir chevelu que je suggère alors. Une autre, à induire une chaleur des mains et une sensation de froid au front. Enfin une troisième technique est de suggérer une anesthésie de la main ou la visualisation d'un seau de glace dans lequel on demande au patient de plonger sa main afin de la rendre totalement froide et de la porter à sa tête pour y transmettre l'analgésie.

L'autohypnose est une technique que j'associe volontiers dans le traitement de la migraine afin que le patient puisse se prendre en charge dès le début de la crise.

En conclusion, l'hypnose peut être un adjuvant non négligeable dans la prise en charge d'un migraineux chez qui l'intrication de facteurs psychologiques (sentiments de culpabilité) et physiologiques (vasculaires) sont pratiquement toujours présents.

Vraies et fausses idées sur la migraine

Migraine et psychologie : La migraine n'est pas une maladie psychologique, mais le profil psychologique du migraineux a été parfois caricaturé : intelligent, perfectionniste, distingué... un certain milieu a-t-on pu dire. Une propension des migraineux à la dépression a cependant été observée : 40 % des migraineux font des épisodes dépressifs *endogènes* * dans leur vie. Les facteurs déclenchants psycho-affectifs sont innombrables,

* Dépression endogène : qui se déclenche sans cause particulière.

notamment les stress, mais aussi la détente (la migraine du week-end). On sait par ailleurs que les céphalées de tension faisant suite à des situations de stress chroniques sont parfois intriquées avec de véritables migraines.

Cela étant, les migraineux n'ont pas de personnalité particulière et il n'existe pas de « personnalité migraineuse ».

Hérédité et migraine : La migraine n'est pas considérée comme une maladie héréditaire, bien que cette notion soit fortement ancrée dans l'esprit de la population et même du praticien. On peut cependant retrouver un terrain familial par la communauté d'un mode vie, d'alimentation et une certaine « contamination » psychopathologique.

Autres facteurs :

– La migraine n'est pas une maladie de femmes, bien que l'on retrouve deux tiers de femmes parmi les migraineux : la migraine étant parfois rythmée par les étapes de la vie hormonale. Lors de la grossesse, les crises ont tendance à s'atténuer et la ménopause ne guérit pas la migraine.

– Les enfants peuvent être atteints de crises migraineuses.

– Le diagnostic est entièrement clinique, aucun examen ne permet de confirmer la migraine.

– Certains aliments sont accusés dans le déclenchement de la migraine, mais scientifiquement aucun argument ne permet de les incriminer ; ils ne sont que des facteurs parmi tant d'autres qui restent inconnus.

– La pilule ne donne pas la migraine, bien que dans 40 % des cas, la prise de la pilule aggrave effectivement cette maladie alors que dans 20 % des cas elle diminue plutôt les crises.

8. AUTRES TROUBLES

Endocrinologie

Dans ce domaine c'est essentiellement le diabète qui est traité par hypnose. En effet, l'influence des facteurs psychologiques sur son déclenchement et son évolution n'est plus à démontrer. Geissman insiste sur la normalisation de la glycémie et de la glycosurie par la pratique régulière du training autogène de Schultz, qui permettrait au sujet de diminuer ses doses d'insuline et de mieux accepter son régime.

Une expérience intéressante consiste à faire boire à un sujet en état d'hypnose profonde une solution concentrée de sucre tout en lui disant qu'il s'agit d'eau plate. On ne note pas d'augmentation de la glycémie, son taux peut même diminuer brutalement!

Des résultats remarquables ont été publiés par le Dr Varandani de Jaipur qui traite ses malades diabétiques par des techniques de yoga (congrès mondial de diabétologie, 1966).

Personnellement, je m'abstiens de prendre en charge par hypnose des patients diabétiques en dehors d'un cadre hospitalier et d'un suivi par un endocrinologue.

Le hoquet

Provoqué par une contraction spasmodique du diaphragme accompagnée d'une fermeture soudaine de la glotte, le hoquet régresse souvent spontanément ou par des moyens stimulant le nerf vagal : retenir sa respiration, respirer à travers un sac en papier afin d'augmenter la concentration d'oxyde de carbone dans le sang ou encore exercer une pression sur les globes oculaires. Dans certains cas, même un traitement médicamenteux (chlorpromazine) n'arrive pas à juguler les crises, et on fait appel à la chirurgie : résection du nerf vagal.

Il est préférable d'employer l'hypnose lorsque les autres techniques (autres que chirurgicale) n'ont pas donné de résultats. On supprime le symptôme grâce à une relaxation profonde et à des suggestions directes centrées principalement sur le diaphragme ; on fait alors prendre conscience au sujet de sa capacité à contrôler son hoquet par une action sur son diaphragme. Souvent, le sujet reprend son hoquet au réveil, d'où la nécessité de mettre en place des techniques d'autohypnose.

Le bégaiement

C'est un autre trouble qui peut tirer profit d'une hypnothérapie. Des techniques spécifiques existent, elles seront exposées dans le chapitre consacré aux enfants.

L'*onychophagie* *, le *blépharospasme* ** et les sifflements d'oreille sont autant d'autres troubles susceptibles de bénéficier d'une thérapie par hypnose, et qu'il m'est arrivé de traiter avec succès.

---

* Onychophagie : habitude de se ronger les ongles.
** Blépharospasme : contraction spasmodique des paupières.

V

COMBATTRE LES TROUBLES SEXUELS

C'est encore un sujet de controverses. Pourtant bon nombre de sexologues (Tordjman et Cudicio en France, Araoz aux États-Unis pour ne citer que les plus connus actuellement) ont inclus l'hypnose dans leur pratique. Quant à moi, je reçois de plus en plus de patients atteints de troubles sexuels. Avec eux, j'aborde :

1. La reviviscence sous hypnose de traumatismes sexuels survenus dans l'enfance.
2. Les problèmes d'identification sexuelle toujours sous-jacents.
3. L'angoisse de séparation. Vivre un orgasme, par exemple, peut se résoudre par des techniques de régression d'âge ou par des répétitions mentales avec déconditionnement *in vitro* puis *in vivo.*
4. Un travail revalorisant qui permet d'explorer les aptitudes sensorielles du patient en prenant l'imaginaire comme modèle.

Il est évident que les résistances sont toujours court-circuitées lors de l'utilisation de l'hypnose en sexo-analyse et qu'il est nécessaire d'en parler avec le patient durant la thérapie.

1. CLASSIFICATION DES TROUBLES

On a coutume de classer les dysfonctions sexuelles en « primaires » et en « secondaires ». Les premières sont présentes dès le début de la vie sexuelle, les secondes font suite à une période de vie sexuelle normale et surviennent dans certaines situations particulières ou de façon permanente.

La classificaiton qui suit s'inspire des travaux de Masters et Johnson (1970), de Kaplan (1979) et de Dennerstein (1980).

CLASSIFICATION DES TROUBLES SEXUELS

Phases	Homme	Femme
1. Désir	Baisse ou absence de désir	Baisse ou absence de désir (frigidité)
2. Excitation	Difficulté à obtenir l'érection	Retombée du désir Absence de lubrification vaginale
3. Pénétration	Difficulté à maintenir l'érection	Douleur - Vaginisme Dyspareunie
4. Orgasme	Éjaculation prématurée Éjaculation retardée	Anorgasmie
5. Postcoïtale	Dysphorie	Dysphorie

Les causes des troubles pouvant être d'origine physique ou psychologique, il conviendra naturellement avant d'envisager toute thérapie par hypnose d'éliminer les causes organiques qui ne relèvent pas de ce type de traitement.

Les causes immédiates des troubles sexuels dans leur grande majorité, près de 80 % des cas, sont en relation étroite avec une problématique personnelle, comme la peur de l'échec ou la crainte d'être rejeté par le ou la partenaire et l'impossiblité de se concentrer sur ses propres sensations.

Des mois, voire des années d'impuissance ou de frigidité aggravent souvent le traumatisme initial, et, lors de l'entretien préliminaire, on recherche les causes biologiques, on évalue les problèmes personnels et familiaux, l'insertion socioprofessionnelle et enfin l'on évoque s'il y a lieu la maladie conjugale.

Les principales indications d'un traitement par hypnose sont chez la femme : la frigidité, le vaginisme et l'anorgasmie, et chez l'homme : l'impuissance et les troubles de l'éjaculation (anéjaculation, éjaculation prématurée). Néanmoins, nous allons passer en revue les « pannes » qui peuvent survenir à chaque phase de la relation sexuelle.

2. PROBLÈMES SURVENANT LORS DE LA PHASE DE DÉSIR

Chez l'homme : l'absence de désir

Le plus souvent l'absence de désir vient de peurs profondément enracinées de s'abandonner au plaisir (ou à l'amour). L'angoisse de n'être pas à la hauteur inhibe les performances que l'on croit devoir fournir. Les hommes consultent rarement pour ce genre de trouble.

Chez la femme : l'atteinte de la libido ou frigidité

Le désintérêt érotique se caractérise par la baisse du niveau de réceptivité, l'absence d'initiation érotique et la réaction du partenaire qui face à ce non-désir, montre une avidité accrue. Pour Torjman (1991) un conflit intrapsychique, une maladie conjugale ou un déconditionnement de l'acte en sont à l'origine.

Les causes organiques que l'on rencontre le plus souvent dans la frigidité sont un relâchement des muscles périnéaux (40 % des femmes traitées pour anorgasmie), une hyperprolactinémie, la période du post-partum (cicatrice d'épisiotomie, la fatigue, l'allaitement), l'hystérectomie et la ménopause non traitée.

Les causes psychogènes sont nombreuses et vont de la mésentente conjugale, la culpabilité liée au plaisir, la peur du phantasme, à la sexualité vécue comme perverse. Le sentiment « d'échec mensuel », que l'on note dans une stérilité, peut entraîner un désintérêt pour la sexualité, alors que la contraception suscite parfois chez la femme le sentiment d'être « consommée » par l'homme.

Le traitement

Parfois lors de l'exploration hypnotique, on retrouve des causes plus anciennes, telles que les tentatives de viol, d'inceste ou des attouchements pervers lors de l'adolescence. L'incompétence masculine – sans adhérer au dicton : « Il n'y a pas de femme frigide, il n'y a que des hommes maladroits » – peut aussi dans certains cas expliquer bien des choses. En effet, l'impossibilité pour le conjoint de maintenir une érection suffisamment longtemps est une cause à ne pas négliger.

Le traitement de la frigidité par hypnose peut parfois s'avérer facile surtout quand elle est due à des conceptions erronées en matière de sexualité ou si elle est liée à une inexpérience sexuelle.

Dans des cas plus compliqués de traumatismes anciens, il est nécessaire de mettre en œuvre des techniques spécifiques – hypno-analytiques et régression d'âge – qui mettent en évidence les conflits et les causes plus profondes. Il est préférable parfois de s'adresser à un hypnothérapeute ayant une formation en sexologie.

La technique que j'utilise fait appel à l'imagerie mentale avec évocation d'une relation sexuelle avec le partenaire. Après que la patiente a pris conscience des sensations de son corps, j'induis une sensibilité particulière à ses organes sexuels. Cela lui permet parfois d'éprouver un orgasme « mental » sous hypnose, sans culpabilité ou angoisse et de se concentrer sur les sensations de son vagin et de son clitoris.

3. PROBLÈMES SURVENANT LORS DE LA PHASE D'EXCITATION

Chez l'homme : l'impuissance

Les difficultés d'érection peuvent survenir à n'importe quel âge, et on estime que près de la moitié de la population masculine a expérimenté occasionnellement une impuissance partielle ou totale.

L'échec sexuel chez l'homme est en relation étroite avec son estime de soi et influe directement sur son comportement social. C'est dire que les approches thérapeutiques doivent faire intervenir des considérations psychodynamiques et qu'on ne saurait se contenter d'une simple levée du symptôme sans une exploration de possibles conséquences, telles que l'anxiété, la dépression, les réactions de conversion ou d'autres équivalents symboliques.

Bien que ne se rencontrant que dans 10 à 20 % des cas, les causes organiques peuvent être d'étiologie très diverse et doivent être systématiquement recherchées et éliminées. Les causes vasculaires sont les plus nombreuses et font souvent suite à un tabagisme ou à un alcoolisme ou encore à une maladie telle que le diabète. La douleur due à des verrues vénériennes, à un phimosis ou à une maladie de *Peyronie**, etc. doit être reconnue et traitée. Une consultation d'urologie est donc un préalable fortement conseillé avant toute intervention psychologique.

* Maladie de Peyronie : induration plastique du corps caverneux du pénis.

Mais l'impuissance est souvent psychosomatique et survient à la suite de l'anxiété qui déclenche une hyperactivité *sympathique** bloquant l'activité du *parasympathique** indispensable à l'érection. Elle est ainsi auto-entretenue par un véritable mécanisme de réflexe conditionné avec peur de l'échec, qui lui-même entraîne une angoisse qui déclenche à son tour une aggravation du dysfonctionnement sexuel.

Les causes psychologiques

Avant d'entreprendre une hypnothérapie, il est essentiel d'examiner ces vingt-deux causes rencontrées le plus souvent dans une impuissance psychogène et dont la liste a été établie par Crasilneck en 1982.

1. La peur de perdre l'érection pénienne.
2. La peur de la colère de la partenaire si un échec survient lors de l'acte sexuel.
3. La dépression et l'auto-accusation.
4. La culpabilité pour des relations extra-conjugales.
5. L'anxiété du fait de l'échec dans des relations extra-conjugales.
6. La peur d'être « pris » qui résulte d'un échec dans des relations hétéro et homosexuelles.
7. L'anxiété d'être dérangé par les enfants lors de l'acte.
8. La peur de mettre enceinte sa partenaire.
9. La peur des maladies vénériennes.
10. L'exposition à des maladies telles que le cancer ou l'herpès.
11. L'anxiété et la culpabilité venant de l'idée que le sexe est sale et est un péché.
12. Un conflit relevant d'une situation œdipienne.
13. Une anxiété due à un changement de l'image du corps de la partenaire.

---

* Sympathique et parasympathique : système nerveux périphérique qui commande la vie organique et végétative.

14. La peur que son pénis soit excessivement court.
15. La dépression qui provient de souvenirs d'une femme précédente décédée.
16. L'anxiété venant d'un échec occasionnel avec l'épouse qui n'est plus amoureuse ou inversement.
17. La culpabilité à propos de flirts.
18. L'anxiété résultant d'une incapacité à éjaculer.
19. L'anxiété d'une éjaculation prématurée.
20. La crainte de l'échec due à une fatigue physique ou psychologique.
21. La peur d'un état connu sous le nom de *vagina dentata* ou de castration par les « dents du vagin ».
22. L'anxiété devant une impuissance causée par une prise d'alcool excessive.

Les événements traumatiques

Des événements traumatiques survenus dans l'enfance entraînent souvent des dysfonctionnements sexuels. En effet, les jeux sexuels infantiles sont parfois sévèrement réprimés par les parents, et les garçons réprimandés, menacés ou punis connaissent la peur de la perte du pénis : le complexe de castration est alors vécu avec intensité dans leur développement psychoaffectif. En voici un exemple clinique.

Un patient me consulte parce qu'il perd son érection dès qu'il entend le bruit de l'eau qui coule. Il lui est impossible de pénétrer sa femme si un de ses enfants est en train de prendre une douche ou s'il y a un robinet ouvert dans la maison. Il a suivi une psychothérapie de type analytique pendant plusieurs années, qui lui a permis d'identifier son symptôme, d'en connaître les causes sans pour autant qu'il puisse s'en débarrasser.

L'image de « la pièce qui tombe lentement dans l'eau » me semble tout indiquée pour induire l'état hypnotique. Rapidement, une certaine agitation apparaît chez le patient, sans que je puisse en faire une interprétation pertinente.

L'évocation d'une plage où il se verrait en maillot de bain allongé sur le sable entraîne une réaction presque cathartique, et il manifeste le désir de parler : il me dit se souvenir d'un incident qu'il situe vers l'âge de vingt-trois ans. Il était en train de « faire l'amour » avec une amie sur la plage quand ils furent surpris par des gens qui les ont insultés et chassés. Il avait déjà parlé de cet épisode lors de son analyse, mais jamais encore il n'avait ressenti si puissamment dans son corps le lien que cela pouvait avoir avec la perte de son érection. Il se pose alors la question de savoir s'il avait fui en érection ou non.

Afin d'approfondir sa transe, je lui suggère à nouveau l'image de la pièce qui tombe en se balançant. Un autre souvenir lui revient confusément : il se trouve dans un canoë avec une amie vers l'âge de quatorze-quinze ans, ils sont couchés l'un contre l'autre; il éprouve alors une forte envie sexuelle, mais a honte de son érection que son amie ne peut que remarquer. C'est alors que deux de ses camarades se sont approchés en nageant sans faire de bruit et ont retourné le canoë. « L'eau froide m'a apparemment refroidi et sauvé de ma honte. »

Après avoir fait le rapprochement entre la perte d'érection et l'eau, il sort de la séance avec la certitude d'avoir trouvé la solution de son problème : « Je ferai l'amour à ma femme ce soir en laissant un robinet ouvert. »

L'expérience a été si positive qu'il n'a pas jugé nécessaire de poursuivre la thérapie. Une seule séance avait suffi !

Ce cas clinique vite et bien résolu montre comment les images suggérées lors de l'induction peuvent entraîner des associations d'idées qui se révèlent fructueuses pour explorer la dynamique inconsciente et provoquer une prise de conscience thérapeutique.

Le conflit œdipien

Sa non-résolution est souvent une cause d'impuissance chez l'homme. On sait que le garçon de cinq-six ans a souvent le phantasme du désir de sa mère; ce phantasme est revécu à l'adolescence vers douze-treize ans. Il se représente alors qu'il sera très bientôt un adulte comme son père, et qu'il pourra accaparer victorieusement l'amour de sa mère (mère qui est l'unique femme adulte qu'il côtoie suffisamment pour ressentir son amour).

Dans la théorie freudienne le garçon abandonne très rapidement ce phantasme à cause de la peur du père qui le menace de lui « couper le pénis »! La rivalité avec le père prend fin avec la prise de conscience qu'il lui faudra grandir et devenir un adulte, avant de gagner l'amour de sa mère. Cela permet au garçon de s'identifier au père et de résoudre son complexe d'Œdipe. C'est un phantasme que l'on retrouve profondément inscrit chez l'homme et qui peut se démontrer indirectement à travers les rêves et la production fantasmatique lors de psychothérapies de type analytique.

Dans les cas pathologiques, où l'on retrouve des menaces ou des gratifications importantes, le complexe peut perdurer comme une sorte de corps étranger dans la pensée de l'adulte et l'influencer dans toutes ses relations amoureuses.

D'autres conflits inconscients de la phase préœdipienne peuvent mener à une impuissance. C'est le cas de la peur de « l'inceste uroborique » (Neumann-1963) où l'homme, totalement submergé par la femme, éprouve l'angoisse d'être ré-absorbé par l'utérus de celle-ci. Cela provoque une identification inconsciente du relâchement lors du plaisir sexuel avec la mort et entraîne l'apparition de défenses de type hypocondriaque, qui représente symboliquement l'acceptation d'une « mort partielle » (l'impuissance). L'homme évite ainsi les relations sexuelles qui sont rattachés au phantasme d'annihilation ou de « mort totale ».

Une fausse idée de la femme

Les troubles sexuels chez l'homme peuvent parfois être l'expression d'une peur ou d'une agressivité envers la femme. De nombreux hommes éprouvent en effet un complexe d'infériorité par rapport à une femme qui a, pensent-ils, une plus grande expérience sexuelle ; ils croient alors que la femme ne manquera pas de comparer leur « puissance sexuelle » à celles d'autres hommes, et cela bien entendu en leur défaveur. Cette comparaison les inhibe alors totalement.

Le sentiment d'agressivité de la part de l'homme peut s'exprimer de façon inconsciente : il perd son érection juste au moment de la pénétration, laissant sa partenaire sur son excitation sexuelle. Un tel comportement n'exprime pas obligatoirement les véritables sentiments d'un homme envers sa partenaire, qu'il peut par ailleurs aimer sincèrement.

Les relations du couple

Elles constituent un autre facteur à explorer lors d'une prise en charge d'une impuissance fonctionnelle. Il arrive que les femmes expriment un désintérêt ou une hostilité directe ou implicite envers leur mari. Par exemple, un de mes patients me raconte que sa femme demande systématiquement un verre d'eau juste au moment où elle se rend compte qu'il va jouir. Invariablement il perd son érection, et elle lui dit alors sur un ton sarcastique : « Après tout, tu n'es qu'un homme non ? » Une telle relation sadomasochiste ne fonctionne qu'avec la participation des troubles névrotiques du mari qui s'imbriquent dans ceux de sa femme. Elle ne pourra pas être résolue par des suggestions hypnotiques, mais nécessite une prise en charge conjugale où les deux partenaires sont vus conjointement.

Tendance homosexuelle latente

Vécue sur un mode culpabilisant, le plus souvent cachée à la partenaire, elle entraîne des dysfonctionnements sexuels.

Il me semble cependant important de distinguer homosexualité et pseudo-homosexualité. Cette dernière se caractérise par des phantasmes homosexuels, ou parfois par un comportement patent d'homosexualité, mais qui ne sont que l'expression d'un conflit d'une autre nature traduit en langage sexuel. Il y aurait en quelque sorte un déplacement du conflit avec l'apparition d'un phantasme de réparation magique des déficiences sexuelles. Le pseudo-homosexuel s'incorporerait la masculinité du partenaire désiré, plus puissant et symbolisé par son pénis. C'est là une illustration de la théorie freudienne du totem avec les phantasmes où le père primitif est dévoré.

Cette pseudo-homosexualité peut aussi se manifester plus prosaïquement dans notre société moderne par le besoin de beaucoup d'hommes de se retrouver dans des clubs sportifs ou autres.

Symptômes de conversion

L'impuissance ou une autre pathologie sexuelle peut être le signe d'une conversion hystérique. L'exemple le plus typiquement rencontré est celui de la paralysie du bras d'un impuissant agressif qui signale ainsi son désir de montrer et d'inhiber par le même symptôme son comportement agressif.

Ce déplacement sur la capacité sexuelle peut aussi être le reflet d'une diminution de la puissance d'un homme dans un autre champ, professionnel le plus souvent. J'ai ainsi traité un joueur de cartes devenu totalement impuissant après avoir tout perdu.

De même, des troubles partiels et transitoires de l'érection se déclarent après un divorce; ils n'expriment pas obligatoirement une culpabilité, mais le deuil de la perte de ses enfants ou de sa maison. Un veuf peut présenter le même type de problème, manifestant ainsi son deuil.

Le traitement hypnotique de l'impuissance

L'impuissance relève de la psychothérapie quand elle est psychogène et de la chirurgie vasculaire lorsqu'elle est d'origine artérielle ou veineuse. Dans les cas qui ne sont pas susceptibles d'une thérapeutique étiologique, le trouble de l'érection peut être amélioré par un traitement symptomatique judicieusement prescrit, injection intracaverneuse de papavérine ou de prostaglandines. Outre ces thérapies, l'hypnose peut être utilisée soit dans le cadre d'une psychothérapie, soit comme traitement symptomatique ou adjuvant à d'autres techniques.

D'une manière générale, je commence par une discussion franche des résultats possibles en prévenant le patient, juste avant la séance, qu'il faudra peut-être un certain nombre d'inductions avant qu'il ne puisse être véritablement hypnotisé. J'insiste sur le fait que le traitement pourra être « partiellement » réussi, réussir « totalement » ou ne pas réussir « du tout », même s'il est un bon sujet hypnotique.

Cette présentation de mes « possibilités » de thérapeute me sert de métaphore par rapport à sa propre impuissance lors d'une relation sexuelle. Je lui suggère ainsi que s'il arrive à entrer dans un état hypnotique, la partie sera gagnée, car nous aurons tous les deux fait preuve que nous pouvons y arriver.

Une transe légère est alors induite où je lui suggère des « érections fermes... dures... rigides et qu'il prendra plaisir à la relation sexuelle avec sa partenaire. »

Souvent la catalepsie du bras est induite et la rigidité est utilisée comme modèle pour la fermeté de son sexe. On demande au patient de vérifier la « dureté » de son bras en le faisant toucher avec son autre main et on lui dit : « Votre pénis devient de plus en plus dur, aussi ferme, rigide que votre bras... Si vous pouvez produire cette fermeté dans une partie de votre corps, vous pouvez certainement la reproduire ailleurs... Grâce au pouvoir de votre inconscient sur votre corps, vous aurez ainsi une plus grande maîtrise, un plus grand contrôle sur ce qui se passe au niveau de votre corps pendant l'excitation sexuelle... Peut-être même que vous manifesterez une certaine agressivité dans vos désirs... et n'interromprez pas brusquement ou prématurément un acte où vous vous sentez bien. »

Les succès les plus probants sont obtenus lorsque je combine suggestions directes et techniques hypnoanalytiques. Un suivi psychothérapique est alors entrepris et le traitement de l'impuissance par hypnose devient alors le début d'une psychothérapie verbale.

Chez la femme : altération de la phase d'excitation et absence de lubrification vaginale

C'est la *vasocongestive dysfonction* des Anglo-Saxons où l'œdème vaso-congestatif des organes génitaux ne se produit pas. Ces femmes peuvent cependant parvenir à l'orgasme. L'origine est un trouble psychique qui peut être un conflit intrapsychique, une maladie conjugale ou un déconditionnement de l'acte.

4. PROBLÈMES SURVENANT LORS DE LA PHASE DE PÉNÉTRATION

Chez l'homme : difficulté à maintenir l'érection ou impuissance partielle, déjà traitée plus haut.

Dyspareunie

Il s'agit de douleurs que la femme éprouve lors de la relation sexuelle. Elles peuvent être dues à de nombreux facteurs organiques ou psychogènes. La thérapie est un déconditionnement sous hypnose grâce à des techniques centrées essentiellement sur la relaxation des muscles périnéaux et la déculpabilisation de l'acte qui doit être vécu comme « normal ».

Dans ce but, la femme doit se représenter, en état hypnotique, une relation sexuelle avec son partenaire, tandis que je lui induis des sensations de bien-être au niveau de son vagin et de son clitoris.

La dyspareunie, survenant comme une réponse conditionnée à des réflexes de contractions musculaires, est un trouble qui se traite assez facilement par hypnose.

Vaginisme

Il se caractérise par un spasme conditionné des muscles périvaginaux, lors d'une tentative de pénétration ou de l'évocation de celle-ci. La contraction musculaire est si importante que même le gynécologue ne peut introduire un doigt lors d'un examen.

Les causes les plus fréquentes sont une culpabilité envers le plaisir sexuel, l'agressivité envers le partenaire, la peur de la pénétration ou encore des conflits sexuels plus profonds signant la nature essentiellement psychogène du trouble. Ce symptôme demande donc une analyse profonde de la personnalité de la patiente et de la dynamique de son couple avant d'entreprendre une hypnothérapie. Je préconise par ailleurs un suivi psychothérapique, qui peut prendre la forme d'une hypno-analyse, après la disparition du trouble.

Lors de l'état hypnotique, je demande à la patiente de visualiser une relation sexuelle après avoir induit une relaxation des muscles périnéaux et une analgésie de la région génitale. Cette dernière peut être provoquée par la transmission suggérée du froid de la main préalablement trempée dans un seau rempli de glaçons.

Certains thérapeutes recommandent, à la faveur de la relaxation des muscles périnéaux, d'introduire un dilatateur de calibre croissant (Fusch-1991), puis d'entreprendre un déconditionnement par désensibilisation systématique des inhibitions sexuelles et des différentes phobies qui grèvent le comportement (von Chenck Notzing).

5. PROBLÈMES SURVENANT LORS DE LA PHASE DE L'ORGASME

Éjaculation prématurée

Il est plus juste de dire en français « prématurée » que « précoce » qui est due à une faute de traduction du terme latin *praecox*.

L'utilisation de l'hypnose dans son traitement est rapportée par de nombreux auteurs avec des résultats intéressants (Biegel-1971, Gonzaga-1972, Levit-1971 et Schneck-1970).

L'évaluation psychodynamique du symptôme se fait à peu près de la même manière que lors d'une impuissance. L'attention se porte plus particulièrement sur les relations du couple.

Ainsi, un jeune patient me raconte comment l'acte

sexuel devient pour lui et sa femme une véritable épreuve chronométrée! Ils disposent autour de leur lit plusieurs réveils afin que chacun puisse se rendre compte du « temps pendant lequel il a tenu » à chaque copulation.

Une intervention hypnotique pour casser la circularité du symptôme semble alors nécessaire ainsi que quelques entretiens avec sa partenaire pour lui faire prendre conscience qu'elle ne doit pas entrer dans le « jeu de performance » de son mari.

Des suggestions directes sont parfois données en portant l'attention sur la réduction de l'anxiété et la tension durant l'acte sexuel. « L'attente de votre éjaculation sera remplacée par un sentiment de bien-être de plaisir... Vous ne vous presserez pas... Vous serez durant tout l'acte détendu et autoriserez votre corps à jouir sans tension excessive... Vous n'éjaculerez pas prématurément. »

Je leur préfère des suggestions indirectes à partir du mécanisme du trouble du patient, le renforcement du sphincter par exemple. Une anesthésie du gland du pénis peut être suggérée afin de diminuer l'excitation sexuelle, tout en sachant que ce n'est là qu'une mesure transitoire. On donne également des suggestions de renforcement du Moi qui permettront au sujet de reprendre confiance en soi.

Anorgasmie et difficulté pour parvenir à l'orgasme

L'anorgasmie (ou absence d'orgasme) est le plus courant des dysfonctionnements sexuels féminins d'origine psychologique : 10 % des femmes n'ont jamais connu l'orgasme, 10 % n'y parviennent pas en compagnie d'un partenaire, mais l'obtiennent par masturbation, 50 % ont un orgasme avec stimulation clitoridienne et enfin 30 % connaissent l'orgasme dit « vaginal » sans stimulation clitoridienne (Sunnen,

1991). La difficulté à parvenir à l'orgasme se voit aussi chez des femmes qui éprouvent néanmoins un désir très intense.

La première chose à faire lorsque l'on envisage le traitement d'une anorgasmie est de définir le type de trouble auquel on a affaire :

– La patiente n'a-t-elle jamais connu l'orgasme ou l'a-t-elle éprouvé avec certains partenaires seulement?

– Lui arrive-t-il, au cours de sa vie sexuelle, de connaître des périodes où elle éprouve des orgasmes suivis de périodes où elle n'en n'a aucun?

– A-t-elle changé de partenaires ou eu des problèmes de santé, changé de travail ou connu d'importantes modifications dans sa vie affective ou familiale?

Pour Torjman (1991), l'anorgasmie trouve son origine dans un trouble psychique qui peut être un conflit intrapsychique, une maladie conjugale ou un déconditionnement de l'acte, mais d'autres facteurs non négligeables peuvent inhiber l'orgasme : absence de stimulation efficace suffisamment prolongée, parasite psychique (femme plus sensible que l'homme aux bruits extérieurs, présence d'un tiers, barbe, mauvaise haleine etc.), peur de ne pas maîtriser le plaisir, insécurité du climat conjugal renvoyant peut-être à l'image insécurisante du père.

Traitement

Il se fait en deux étapes : la première ne concerne que la femme anorgasmique, la seconde inclut son partenaire.

Après l'apprentissage d'une technique d'autohypnose, les recommandations suivantes (B. de Betz, 1985) sont faites.

« Une fois que vous vous sentez prête à atteindre l'état de transe, faites la chose suivante : choisissez un moment de la journée ou de la soirée où vous pouvez être tranquille, et tandis que vous êtes en état de transe, posez-vous les questions suivantes : s'est-il produit une modification de votre intérêt pour votre partenaire, des événements récents ont-ils influencé votre attrait pour le sexe? Fantasmez-vous? Y a-t-il des attitudes, des situations spécifiques qui augmentent ou au contraire diminuent votre plaisir? Faites-vous part de votre désir à votre partenaire? etc. »

On encourage également la masturbation chez la patiente tout en la déculpabilisant afin de lui permettre une découverte de son corps qui entraînera une plus grande décontraction et donc une moindre inhibition. Cela aura pour effet de favoriser l'apparition du plaisir, de l'orgasme et des phantasmes.

La seconde phase se déroule avec le partenaire, avec qui on instaure une plus grande communication et une franche discussion sur le problème de l'anorgasmie.

Dengrove (1980) insiste sur l'importance de concentrer l'attention de la femme sur son plaisir plutôt que de la focaliser sur le seul orgasme; des suggestions de relaxation profonde sont données afin d'aller dans ce sens. Les meilleurs résultats sont obtenus lorsque l'on conjugue l'approche symptomatique et des techniques hypno-analytiques et béhavioristes.

6. AUTRES TROUBLES SEXUELS

L'exhibitionnisme

C'est un autre trouble que, par trois fois, j'ai été amené à traiter par hypnose avec succès. J'ai demandé aux patients de visualiser leur fantasme sur un écran : ils se voyaient en train de s'exhiber dans la situation qui entraînait le plus de plaisir chez eux.

L'accomplissement du phantasme par imagination, ainsi que la jouissance vécue sous hypnose lors de plusieurs séances a provoqué une désensibilisation systématique.

Interrompre la scène de temps en temps tout en donnant des suggestions de renforcement du Moi m'a permis de leur induire la possibilité de se sentir suffisamment forts pour ne pas réaliser leur fantasme dans la réalité.

Les troubles gynécologiques

Lorsque ces troubles ne sont pas organiques, mais à forte composante psychologique, l'hypnose est particulièrement indiquée.

Ces troubles peuvent être psychofonctionnels ou psychosomatiques. Les premiers sont labiles et réversibles, mais récidivent souvent; ils accompagnent en général l'évolution d'une névrose à retentissement génital, tels que les troubles des règles ou de l'ovulation, les douleurs abdominales pelviennes et périnéales.

Les troubles psychosomatiques sont plus rares, mais représentent de véritables maladies de l'adaptation psychique. L'hypnose a été ainsi employée dans le traitement de l'aménorrhée psychogène, la dysménorrhée fonctionnelle (trouble à composante plus ou moins organique, car la douleur est due à un spasme utérin – phénomène de conversion), les troubles prémenstruels, le prurit vulvaire, les troubles de la ménopause. Les techniques utilisées s'attaquent directement aux symptômes ou agissent par déplacement de la douleur.

Dans le domaine gynécologique, l'hypnose est utilisée comme analgésique lors d'interventions mineures ou d'examens complémentaires, tels que l'hystérosalpingographie, la biopsie et la ponction du douglas.

La stérilité

Il m'est arrivé de traiter des cas de stérilité par hypnose en proposant aux patientes un travail d'imagerie mentale sur les différentes étapes de la conception d'un enfant : la fécondation, la grossesse et la naissance. Sur les douze femmes suivies pendant douze séances chacune, huit d'entre elles ont été enceintes dans les six mois qui ont suivi la thérapie. Deux des quatre restantes se sont rendu compte qu'elles ne désiraient pas véritablement un enfant et que leur demande provenait de leur mari.

Je leur ai enseigné systématiquement une technique d'autohypnose pour qu'elles puissent se mettre dans un état de relaxation profond après le coït et se donner des suggestions reliées à la cause présumée de la stérilité : relâcher totalement les parties du bassin par exemple si on suppose qu'il s'agit d'un spasme tubaire.

La technique de Wolmann qui s'appuie sur la loi de l'effet inverse semble intéressante : « N'essayez pas de tomber enceinte délibérément, plus vous essaierez, moins vous aurez de chance d'y arriver. Mais essayez tout simplement de vous relaxer après chaque rapport. »

VI

L'HYPNOSE APPLIQUÉE AUX ENFANTS

L'hypnose est une thérapie de choix pour les enfants. L'hypnotisabilité est à son pic vers l'âge de onze ans, et son aspect ludique séduit leur très grande imagination. Ce qui donne au thérapeute une multitude de scénarios pour l'induction ou les suggestions. Ainsi cet exemple : « Ta poupée est vraiment très fatiguée, tu vois comme ses yeux se ferment, si tu les fermes aussi, tu pourras mieux sentir comme elle est contente, relaxée, tu pourras aller t'allonger à côté d'elle... »

Il convient cependant d'être vigilant, car un enfant est facilement captivé par son imagination et se trouve alors dans un état si proche de l'état hypnotique qu'une confusion peut naître.

1. LE TRAITEMENT

C'est sur l'imagination de l'enfant que sont bâties les techniques d'induction. Mais pour cela, il est essentiel que le thérapeute possède une expérience en pédiatrie. Il faut également qu'il soit capable de communiquer facilement avec l'enfant pour découvrir ce que celui-ci aime ou déteste, ce qui l'intéresse. Il doit pouvoir découvrir ses activités et ses émissions de télévision préférées.

Comme les enfants ont une idée assez floue de l'hypnose, il n'est pas utile de leur demander ce qu'ils en pensent. En revanche, les parents ont parfois besoin d'être mieux informés dans la mesure où ils participent à la thérapie, notamment quand on demande à la mère de prendre l'enfant sur ses genoux. Elle devient ainsi « cothérapeute » et transmet les suggestions dans le langage de l'enfant.

Le choix de la technique dépend du symptôme, de la personnalité de l'enfant (son âge, son intelligence) mais aussi de la créativité du thérapeute et de son orientation théorique. Le but est d'entraîner l'enfant dans un désengagement du réel, de l'environnement (surtout lors d'un acte médical douloureux) et de provoquer une dissociation.

Chez les enfants d'âge préscolaire, l'induction est orientée vers une activité de jeu où l'on s'aide de bulles de savon, de poupées, de tout ce qui peut attirer leur attention. Les plus âgés se concentrent sur des images internes alors que les plus grands présentent des capacités verbales et cognitives.

Pour inciter l'enfant à fermer les yeux, il faut lui dire qu'il s'imaginera ainsi mieux les scènes et les personnages, tandis que les mots « s'endormir », « s'assoupir » ou « fatiguer » sont à éviter.

Des techniques d'induction spécifiques ont fait l'objet des travaux de Gardner et Olness (1981) et d'Hilgard et LeBaron (1984). Les inductions idéo-motrices (fixation d'un point) et imaginatives (voler sur un tapis volant) font appel à des contes et à des métaphores. L'approfondissement peut s'obtenir en demandant de souffler sur les bougies d'un gâteau magique. Voici les techniques les plus couramment utilisées.

La télévision et le héros

On demande à l'enfant de fermer les yeux et d'imaginer une grande télévision aux très belles couleurs et une télécommande pour changer de chaînes. Il choisit celle qu'il préfère et il peut prendre part à l'émission s'il le souhaite. La voix du thérapeute ressemble à celle de sa mère qui lui parle alors qu'il ne veut pas être dérangé. De par son imagination, l'enfant se projette facilement dans le personnage de son héros.

Il est tellement « rivé » à son programme qu'il est inutile de lui donner des suggestions spécifiques. Les suggestions hypnotiques sont transmises par l'intermédiaire de son héros. C'est lui qui les donne et trouve la solution au problème de l'enfant.

La fixation d'une pièce

On donne à l'enfant une pièce de monnaie qu'il doit tenir entre le pouce et l'index, le bras tendu. Puis on suggère des sensations de lourdeur dans la main, de relaxation et de bien-être dans tout son corps. Le choix d'une pièce étrangère augmente l'attention de l'enfant : « Bientôt tes doigts vont être fatigués et la pièce va tomber, mais tu pourras la retrouver tout à l'heure. »

Le ballon sur l'eau

L'enfant doit s'imaginer une grande cuvette remplie d'eau où flotte un ballon. Il est assis à côté de la cuvette et lève la main pour la poser sur le ballon, dont il précise la couleur. Il essaye ensuite de plonger le ballon dans l'eau, mais il se gonfle, repousse la main qui remonte et flotte aussi dans l'air. Des suggestions sont données alors que la main monte et descend.

L'endroit préféré

L'enfant s'imagine un coin où il se sent si bien qu'il ressent les odeurs et voit les détails comme s'il y était « pour de vrai ». Quand une dissociation se produit on l'utilise pour abolir la douleur, par exemple.

L'activité préférée

C'est la même procédure, mais l'enfant se voit en train de se livrer à son activité favorite : monter à bicyclette, nager, monter sur un manège.

Les histoires d'aventures ou les contes de fées

Les centres d'intérêt de l'enfant sont à la base d'histoires fantastiques peuplées de forêts magiques, de montagnes russes, de tapis volants ou de vaisseaux spatiaux. Les suggestions thérapeutiques sont données tout le long de l'histoire.

Crowley (1968) rapporte ainsi le cas d'un garçon atteint d'une énurésie secondaire. Il lui raconta l'histoire d'un éléphant de cirque qui n'arrivait pas à porter ses seaux d'eau; des suggestions indirectes lui furent données par la métaphore d'un vieux chameau qui apprit à l'éléphant à transporter ses seaux sans les renverser. L'enfant fut guéri avec succès.

D'une manière générale, l'imaginaire fantasmagorique de l'enfant est utilisé pour réduire son anxiété, guérir son symptôme, envisager des projets d'avenir et renforcer le Moi.

Parfois, il est nécessaire de se livrer à une exploration analytique. Ainsi avec des plus grands, il m'est arrivé de fournir une ébauche d'explication du subconscient en parlant d'une *partie secrète* de nous-même où la mémoire, les sensations sont emmagasinées ainsi que de mauvaises habitudes. Pendant l'hypnose, on en prend le contrôle en le programmant comme un ordinateur.

La régression d'âge est proposée en expliquant que les problèmes ont parfois des racines dans le passé et qu'il faut y retourner pour trouver une solution. La boule de cristal sert à avoir une vision de ce que l'on sera dans vingt ans et donc de se projeter dans le futur.

Le renforcement du Moi se met en place avec la technique du biscuit spécial : les ingrédients que l'on met dans le bol sont les aspects positifs de la vie de l'enfant avec ses souvenirs heureux, le bon temps, les bonnes relations et tous ses désirs. Quand il mangera le biscuit fait de tous ces ingrédients il se sentira calme, confiant en lui-même, heureux et prêt à résoudre tous les problèmes.

L'autohypnose peut aussi être utilisée chez les enfants qui souffrent de troubles récurrents comme les maux de tête ou l'énurésie. La technique du « mot de passe secret » qu'il faut prononcer pour se mettre en état d'hypnose est la plus courante.

2. INDICATIONS THÉRAPEUTIQUES

Sous-utilisée en pédiatrie, la technique hypnotique devrait être plus souvent proposée. Elle est plaisante et sans effets secondaires. Ses principales indications thérapeutiques sont :

Les tics de la face, l'habitude de se ronger les ongles...

Le bégaiement

Il apparaît dans 80 % des cas avant six ans et il est neuf fois plus fréquent chez les garçons que chez les filles. Très difficile à soigner après trente ans, il faut entreprendre son déconditionnement pendant l'enfance.

Hartland a décrit deux techniques qui s'attaquent au symptôme tout en faisant intervenir des aspects psychothérapiques :

– La régression d'âge, chez l'adolescent, permet de faire préciser la nature du traumatisme à l'origine du bégaiement. Dès que l'enfant parle normalement sous hypnose, on l'enregistre et on lui fait entendre sa voix au réveil. Cela lui montre qu'il peut s'exprimer parfaitement lorsqu'il n'est plus angoissé.

– La désensibilisation s'effectue comme lors d'une thérapie comportementale. On attire par exemple l'attention de l'enfant sur son rythme respiratoire.

L'énurésie

En état hypnotique, on lui suggère : « Quand tu sentiras une pression sur ta vessie (à ce moment le thérapeute pose sa main sur la vessie de l'enfant), tu te réveilleras et tu iras faire pipi. »

Des histoires comme celle de l'éléphant sont combinées à des suggestions posthypnotiques et à des exercices vésicaux. Parfois, il est nécessaire d'engager une psychothérapie pour prévenir les rechutes.

La participation des parents est essentielle. Ils devront faire remarquer à l'enfant que son lit est sec, lorsque c'est le cas, ce qui va dans le sens d'un renforcement positif.

La douleur

L'utilisation de l'hypnose est une technique très prisée par les dentistes et les chirurgiens lors de petites opérations, sutures de plaies, changements de pansements par exemple. Dans d'autres syndromes douloureux, on utilise la technique du bouton que l'on tourne pour diminuer la douleur.

Les techniques font également appel à des suggestions directes, une mise à distance, un détournement de l'attention par des histoires ou au contraire la concentration sur ce qui se passe. On demande alors à l'enfant de décrire exactement ce qu'il ressent.

Les verrues

La technique du doigt magique fait merveille. « Quand tu mettras ce doigt sur ta verrue, elle s'asséchera et disparaîtra au bout de quelque temps. »

L'asthme

Gardner et Olness utilisent la technique des couleurs, qui consiste à demander à l'enfant de choisir une couleur qui sera liée à la possibilité de mieux respirer. « Prends une profonde inspiration et sent comme cet air orange remplit bien tes poumons jusqu'à ce que tu vois tout en orange. Maintenant expire et regarde l'air orange sortir, à nouveau tes poumons sont verts, entièrement verts. Quand tu auras un début de crise, tu repenseras à cette couleur orange et tu pourras mieux respirer. »

Le sucement du pouce

Sous hypnose, on suggère : « Qu'arriverait-il si tu restais ici sans sucer ton pouce pendant quinze minutes ? » Ensuite on augmente progressivement la durée où l'enfant s'abstient de sucer son pouce et cela dans des lieux différents.

Les phobies d'animaux et les peurs infantiles

On procède par déconditionnement sous hypnose. On demande à l'enfant de visualiser la situation qui lui fait peur et de s'approcher le plus possible du danger. Là, il peut se reculer, mais pas s'éloigner complètement. Si le thérapeute prend la main de l'enfant à ce stade, les progrès sont plus rapides.

En conclusion, je pense que l'hypnose chez l'enfant est un outil efficace dans le traitement de nombreux troubles. Peu pratiquée en France par les pédiatres, son utilisation apporterait néanmoins un plus dans la prise en charge de certaines maladies infantiles.

VII

SOULAGER LES TROUBLES PSYCHIQUES

L'hypnose fut utilisée pendant de nombreux siècles dans le traitement des troubles mentaux que l'on qualifierait aujourd'hui de névrotiques.

Est-il utile de rappeler que Mesmer a obtenu son premier succès thérapeutique auprès d'une patiente atteinte d'une conversion hystérique, que les recherches de Charcot à la Salpêtrière sur l'hystérie se sont accompagnées de nombreux traitements hypnotiques, que dans l'*Étude sur l'hystérie* de Breuer et de Freud (1895) l'hypnose a occupé une place prépondérante ? Pour autant, il ne faut pas oublier le préjudice que la confusion entre l'hypnose et l'hystérie a porté et à l'hypnose, et à l'hystérie !

Néanmoins, depuis la Seconde Guerre mondiale, l'hypnose a acquis à nouveau droit de cité pour le traitement des névroses de guerre (travaux de Watkins et de Wolberg). En 1954, Schneck discute en détail la possibilité de l'utilisation de l'hypnose dans le traitement des névroses.

Plus près de nous, de nombreux auteurs français (Chertok – 1984, Malarewicz et Godin – 1990, Roustang – 1991) ont favorisé l'introduction de l'hypnose dans les cercles psychanalytiques et son utilisation en pathologie mentale.

Actuellement, elle est appliquée soit pour faire disparaître le symptôme par suggestions *(covering techniques)*, soit par des techniques hypno-analytiques non suggestives *(uncovering techniques)*. Dans ce cas un travail sur l'*insight* * est entrepris et l'on recherche les conflits inconscients.

1. L'ANXIÉTÉ

L'anxiété est l'un des troubles psychologiques les plus fréquents. D'après les statistiques, seulement 5 % de la population souffrirait d'anxiété aiguë ou chronique, mais le nombre de personnes qui consultent pour ce trouble est beaucoup plus important.

L'anxiété est un trouble qu'il ne faut confondre ni avec la peur ni avec la phobie. Outre les manifestations somatiques (palpitations, difficulté respiratoire, sueur, coliques, boule à la gorge, etc.) on trouve l'inhibition de l'action, des comportements d'évitement et une péjoration de l'avenir. L'anticipation de cette anxiété est également un signe à ne pas négliger, car elle suffit souvent à provoquer la crise d'angoisse qu'il est important de distinguer de l'anxiété chronique. Depuis quelques années le terme anglo-saxon de *panick attack* tend à remplacer la classique crise d'angoisse française, mais, à mon sens, il n'existe pas de différence entre les deux termes.

L'anxiété trouve son origine dans des souvenirs infantiles ou refoulés qui sont réactualisés sous une forme différente. Mais comme d'autres facteurs peuvent favoriser ou déclencher l'anxiété, il est important de les évaluer.

Dans ce but, le thérapeute pose au patient, lors du premier entretien, des questions comme :

---

* *Insight :* capacité d'introspection développée par le sujet en psychothérapie.

– L'anxiété se manifeste-t-elle par des troubles physiques ?

– Existe-t-il des facteurs médicaux, physiques ou autres favorisant son apparition (maladies cardio-vasculaires, hypoglycémie, addiction, prise de certains médicaments, abus de café, etc.) ?

J'ai l'habitude de voir le plus souvent des patients qui souffrent d'une véritable névrose d'angoisse. Elle se manifeste essentiellement soit par une anxiété sans fixation particulière dite « flottante », soit fixée sur un organe (névrose hystérique), ou sur des objets (névrose phobique) ou encore sur des pensées (névrose obsessionnelle). Elle constitue donc une pathologie à part entière qu'il est nécessaire de traiter dès son apparition, car elle a tendance à devenir de plus en plus fréquente et de plus en plus handicapante.

Trois éléments fondamentaux sous-tendent la névrose d'angoisse : la perception d'un danger imminent, une attitude d'attente devant le danger (anticipation) et un sentiment de désorganisation lié à la conscience d'une impuissance totale face à ce danger.

L'utilisation de l'hypnose dans le traitement de l'anxiété se fait sous quatre formes : la suggestion directe qui mobilise les capacités d'adaptation du sujet, l'autohypnose qui entraîne une diminution de la symptomatologie ; le renforcement du Moi et, enfin, les techniques hypno-analytiques qui permettent d'explorer et souvent de découvrir les fantasmes et les conflits inconscients à l'origine des crises.

Mais il n'est pas rare de constater que l'hypnose, grâce à la relaxation produite lors de l'induction, a pour effet de calmer l'anxiété du patient et, parfois, le passage vers une méthode de relaxation s'avère suffisant.

2. LES PHOBIES

La phobie peut se définir comme une crainte anxieuse générée par la présence d'un objet, par une pensée ou par une situation précise. Elle disparaît lorsque la personne s'en écarte. On ne doit pas la confondre avec l'angoisse, car la phobie est liée à une réalité précise, concrète et extérieure. Elle n'est pas non plus une peur, car aucun danger réel n'est lié à cette situation ou à cet objet.

Il existe de fort nombreuses phobies : la claustrophobie (phobie des lieux clos), l'agoraphobie (phobie des espaces ouverts), etc. Si les phobies de lieux sont parmi les plus fréquentes, on rencontre également des phobies d'objets (pcur d'instruments tranchants et pointus), des phobies d'animaux (cheval, oiseau, etc.). De nombreux patients consultent également pour des phobies de transport et, depuis quelques années, l'on note une augmentation des phobies sociales, notamment chez les jeunes.

Le sujet réagit face à sa phobie par une crise d'angoisse aiguë et par des conduites d'évitement qui peuvent l'amener à rester cloîtré chez lui pendant de nombreux mois. Il ne sort qu'accompagné, ne serait-ce que d'un chien.

D'un point de vue psychanalytique, la phobie est la conséquence d'une pulsion agressive sexuelle refoulée parce que non acceptable par le Moi.

J'ai utilisé l'hypnose afin de diminuer l'angoisse lors des crises ou pour déconditionner le sujet progressivement (désensibilisation) comme cela se pratique dans les techniques comportementales.

De même que pour l'anxiété, la relaxation inhérente à la technique hypnotique agit sur les symptômes physiques (cardiaques, respiratoires ou digestifs) et permet au sujet d'engager un travail psychothérapique de prise de conscience de ses conflits.

Quelques cas cliniques vont faire mieux comprendre la manière dont l'hypnose traite les phobies.

Madame L. est mariée, a un enfant de huit mois et vient consulter pour des phobies multiples. L'entretien met en évidence une série de situations phobogènes : restaurant, métro, ascenseur, place publique, autobus, etc. Elle ne peut plus faire ses courses et reste confinée chez elle.

Ses phobies ont débuté après son mariage et aucun traumatisme originel ne permet d'expliquer leur apparition. Devant l'urgence et la gravité de cette situation, un déconditionnement sous hypnose est entrepris.

Une nette amélioration est notée dès la troisième séance : la malade a pris l'autobus pour venir me voir (ce qu'elle n'avait pas fait depuis six mois).

Après huit séances, Mme L. peut sortir de chez elle pour faire quelques courses. Elle verbalise mieux la situation conflictuelle qu'elle vit avec ses parents et avec son mari, mais ne désire nullement engager une psychothérapie verbale. La suite du traitement a montré que cette patiente présentait une personnalité hystérique, à l'origine de sa phobie, que j'ai interprétée comme une « conversion psychique » de ses conflits œdipiens.

Autre cas

Mlle D., une jeune femme de vingt-quatre ans est hospitalisée aux urgences de médecine pour « crise de tétanie » et coliques spasmodiques entraînant des diarrhées motrices très handicapantes. Elle ne peut se rendre à son travail, car elle est prise de diarrhées subites dans le métro.

Cette symptomatologie s'est aggravée depuis quelques mois et a entraîné chez elle une phobie du métro qu'elle ne prend plus. Ce matin-là, elle a voulu faire une expérience afin de vérifier l'efficacité de la psychothérapie analytique qu'elle avait engagée depuis deux mois sur les conseils de son médecin. La crise s'est déclenchée au bout de deux stations.

Elle semble désemparée par ce qui lui arrive et a décidé d'abandonner cette psychothérapie qui ne « donne pas d'amélioration ». Elle se dit par ailleurs très angoissée par les séances « qu'elle vit très mal ».

L'entretien que j'ai avec elle révèle une personnalité de type hystérophobique et j'envisage une thérapie par hypnose à visée symptomatique avec l'accord de son analyste.

Lors de la troisième séance, au cours d'une régression d'âge par la « technique du livre dans la grotte », elle se souvient d'un événement qu'elle semblait avoir totalement oublié.

« J'avais environ cinq ans, dit-elle, et je jouais à la poupée dans l'escalier de mon immeuble. J'étais assise en haut sur une marche, quand un homme est apparu au bas de l'escalier; il me regardait d'une drôle de façon et j'ai eu très peur quand il a commencé à monter vers moi. Je me suis alors enfuie afin de pouvoir entrer dans l'appartement où se trouvait ma grand-mère.

« La porte était fermée et ma grand-mère qui était aux toilettes ne pouvait venir m'ouvrir tout de suite. L'homme m'a prise alors dans ses bras et m'a caressé les fesses. Je me souviens maintenant clairement d'avoir déféqué sur sa main. Je crois que cela m'a sauvée, car il m'a alors laissée. »

Au réveil, Mlle D. semble tout étonnée d'avoir pu se souvenir de cet événement qu'elle avait, dit-elle, totalement oublié !

Après cette séance, les diarrhées disparaissent complètement et elle peut prendre le métro sans difficulté; par ailleurs, ses crises de tétanie s'espacent. La disparition de ses symptômes gênants lui a permis, sur mes conseils, de reprendre sa psychothérapie avec son analyste qui m'a donné de ses nouvelles pendant un an. Il craignait l'apparition d'un symptôme substitutif par déplacement, mais à son grand étonnement cela ne s'est pas produit. En revanche, la psychothérapie a permis de mettre en évidence des troubles relationnels importants à type de rejet avec repliement sur soi, ainsi que des troubles majeurs de la sexualité.

Parmi les phobies des transports, celle de l'avion est une des plus courantes. Sur un plan psychodynamique, la peur de voler semble être liée à la crainte de la dépendance. Plusieurs de mes patients, pilotes ou stewards, étaient incapables de prendre l'avion en tant que passagers, mais pouvaient parfaitement bien assurer leurs fonctions quand ils faisaient partie du personnel !

Si les phobies sont souvent traitées par des techniques comportementales qui ont montré leur efficacité, je pense que l'hypnose comporte certains avantages par rapport aux techniques béhavioristes. L'état hypnotique permet de gagner du temps, entraîne une meilleure visualisation et simplifie la « hiérarchisation » des phobies. Souvent j'utilise des techniques hypno-comportementales avec visualisation et désensibilisation progressive.

La phobie sociale survient lorsque l'individu se trouve confronté au regard de l'autre ou au jugement d'autrui. Cette situation le conduit en général à éviter un certain nombre de situations à caractère social.

Elle se manifeste par une peur de parler en public, une rougeur du visage (érythrophobie), la crainte d'être ridicule ou de perdre toutes ses capacités intellectuelles et divers symptômes d'ordre psychosomatique (palpitations cardiaques, difficultés à respirer, sudation, etc.). Cela n'a aucune commune mesure avec le trac que chacun de nous peut éprouver sur une scène ou avant un examen.

Il existe deux pics d'âge pour le début des troubles : vers dix-treize ans où aucun facteur prédisposant n'est retrouvé et vers dix-huit-vingt-cinq ans où la phobie coïncide avec la confrontation à des facteurs environnementaux (nouveau groupe social, entrée dans la vie professionnelle...). La grande majorité de ceux qui consultent sont en général des jeunes gens qui se trouvent dans une situation professionnelle prometteuse. Mais leur avancement est souvent fonction de leur capacité à avoir une bonne présentation devant un auditoire.

Lors de la thérapie hypnotique on retrouve souvent un événement traumatique initial dans l'enfance. Plusieurs de mes patients m'ont décrit une situation où ils se trouvaient comme « pris en défaut » alors qu'ils exprimaient des opinions hors de propos ou qui allaient à l'encontre de ce qu'ils avaient toujours affirmé. Le ridicule de la situation leur apparaissait alors, ainsi qu'à l'entourage qui, trouvant cela très cocasse, se moquait d'eux. Les sujets se souviennent bien de ce qui s'est passé, de la rougeur de leur visage, de leur honte, mais scotomisent totalement les événements entourant ce fait. Tout se passe comme s'ils redoutaient de se retrouver dans des circonstances similaires. Cette « castration anxieuse » serait réactivée au moment où le sujet devient le point de mire d'une assemblée et par là même, en position d'être ridiculisé.

Certains auteurs soulignent la corrélation entre la peur de parler en public et la culpabilité sexuelle. En termes d'analyse jungienne, cela implique la peur que « l'ombre » (la partie inacceptable et cachée de nous-même) soit dévoilée et que la *persona* (le « bon front » que nous souhaitons présenter aux autres) ne soit plus en mesure d'assurer une protection adéquate.

La reviviscence sous hypnose du déroulement précis de l'événement, de son arrière-plan, amène généralement une amélioration que l'on consolide par des suggestions de renforcement du Moi et de meilleur contrôle de soi-même.

3. LES NÉVROSES

La névrose hystérique

La névrose hystérique demeure une affection que l'hypnose traite par excellence. Il ne faut pas oublier, en effet, que l'on peut expérimentalement provoquer sous hypnose tous les phénomènes qui apparaissent spontanément dans l'hystérie et qu'inversement tous les symptômes de la maladie hystérique peuvent se reproduire sous hypnose.

D'une manière générale, la maladie hystérique emprunte, dans son mode d'expression, deux formes majeures : la conversion sur le plan somatique et la dissociation sur le plan mental. L'action thérapeutique se portera aussi bien sur les symptômes de conversion somatique qu'ils soient moteurs (paralysie, contracture, tics, aphonie, *dysphagie* *...), sensitifs (les algies essentiellement), sensoriels (*amaurose* ** et surdité) que sur les symptômes d'expression psychique (amnésie, somnambulisme, fugues, inhibition intellectuelle).

Les modes d'action du changement que l'on observe lors d'une thérapie par hypnose sont interprétés différemment par les auteurs. Je penche pour celle de Chertok : selon lui, l'hypnose permettrait au sujet de vivre une relation fusionnelle et affective; il opérerait ainsi une sorte de « réunification corporelle » qui se traduirait par la levée du refoulement.

Au cours des ans, j'ai noté que les résultats sont moins bons dans les cas de conversions multiples et que, contrairement à une opinion répandue, les hysté-

---

* Dysphagie : difficulté à déglutir.

** Amaurose : cécité hystérique, sans lésion organique.

riques ne sont pas plus, mais moins hypnotisables que les sujets normaux dans leur ensemble. Cependant, j'ai traité des hystériques au score d'hypnotisabilité très élevé, proche de l'état somnambulique, ce qui m'a permis de pratiquer des régressions profondes.

Habituellement, il faut se méfier des améliorations spectaculaires que l'on obtient chez les hystériques. Le cas clinique suivant en est un exemple flagrant.

Mme G., âgée de trente-huit ans, vient me consulter à l'hôpital dans l'intention d'être « traitée par hypnose ». Elle se plaint d'une « grande fatigue au réveil » qui l'oblige à rester au lit pendant toute la journée, d'aboulie et d'inhibition psychomotrice. Elle se dit « envoûtée » et « prise par le diable » depuis qu'elle a adhéré aux témoins de Jéhovah en 1975. Depuis lors, elle perçoit des « sensations d'électricité dans le corps, envoyées par le diable ». C'est le diable encore qui la « réveille la nuit en la touchant et qui fait du bruit dans l'appartement »; elle l'entend lui dire « lève-toi et viens! »

Elle est totalement convaincue de l'origine diabolique de ses troubles. Son mari participe en partie à son délire, car il aurait lui aussi « entendu des bruits » mais admet que « c'était peut-être dû à des craquements de bois dans l'appartement ». Mme G. a quitté les témoins de Jéhovah « pour échapper au diable », car on lui aurait expliqué qu'il s'est emparé d'elle parce qu'elle était sur le chemin de la vérité »!

Toujours en 1975, se trouvant dans le Puy-de-Dôme, elle a consulté plusieurs « guérisseurs » et « prêtres exorcistes » sans succès; ce qui l'a conduite à faire un bref séjour en hôpital psychiatrique.

En 1976, elle vient consulter à Paris, car ses troubles continuent : elle s'adresse en vain à l'évêché de Paris pour se faire exorciser. Devant l'aggravation de ses troubles, elle est hospitalisée dans son hôpital de secteur où elle est mise sous neuroleptiques et antidépresseurs ; elle en sort un mois plus tard sans grande amélioration.

En 1978, elle est de nouveau hospitalisée et traitée par électrochoc : elle subit ainsi onze séances d'électronarcoses qui n'apportent pratiquement aucun résultat. A sa sortie, on lui prescrit un traitement par neuroleptiques et tranquillisants, et un régime amaigrissant (elle pèse alors cent deux kilos).

Quelques mois avant de venir me consulter, elle a abandonné ce traitement, mais a vu, en revanche, un « sorcier africain » qui ne l'a guère améliorée en dépit du caractère très onéreux de son intervention.

Lors de notre premier entretien, le contact est bon. Mme G. expose ses troubles clairement sur un mode assez sthénique ; elle dit « attendre beaucoup de l'hypnose pour être enfin débarrassée du diable » !

Ce riche tableau clinique évoque un délire chronique à thème mystique de possession diabolique, à mécanisme hallucinatoire essentiellement cénesthopatique.

Je procède donc à son admission dans le service psychiatrique de l'hôpital général où je travaille afin de la suivre. Un traitement par neuroleptiques et tranquillisants par voie parentérale est institué. Après quelques jours d'hospitalisation, la présentation et le comportement de cette patiente m'amènent à envisager une structure hystérique : le caractère spectaculaire des troubles, le théâtralisme évident, la variété et la multiplicité des symptômes développés, notamment à partir des effets secondaires des médicaments me font réviser mon diagnostic d'entrée ; d'autant que le traitement par neuroleptiques n'a pas apporté l'effet escompté. Les tests psychométriques font également penser à une personnalité hystérique grave. On évoque l'éventualité d'une psychose hystérique de Follin, bien que l'existence de cette pathologie soit contestée par certains.

La structure de cette patiente ainsi que sa demande massive me font alors envisager la thérapie par hypnose que j'avais rejetée au début.

Dès la première séance Mme G. entre dans une transe très profonde au cours de laquelle elle semble totalement coupée du monde extérieur et vivre des scènes visuelles intenses. Les tests d'hypnotisabilité sont positifs et l'exploration de la partie inconsciente d'elle-même par le signaling idéo-moteur de Cheek et LeCron me renseigne sur les conflits qu'elle a eus avec son père dans son enfance. Quand je l'interroge sur le diable, elle répond qu'elle se sent investie d'une mission et qu'elle se voit comme « le bras droit de Dieu ». Je suggère alors une catalepsie du bras et lui demande ce qu'elle va faire avec un bras aussi rigide et fort ? Cela déclenche chez elle une crise de larmes où elle verbalise la faiblesse de son père, son alcoolisme, son irresponsabilité envers sa mère et envers elle-même : « J'aimerais le ramener dans le droit chemin, afin qu'il devienne un homme fort et sur lequel nous puissions compter. »

Une nette amélioration est notée dès cette première séance et cinq autres suffisent à faire disparaître les troubles qui ont été étiquetés « psychotiques », notamment les hallucinations et les thèmes de possession diabolique.

Elle sort au bout d'une semaine de traitement, parfaitement « guérie », et manifeste le désir d'être suivie en consultation externe. Lors des consultations, à raison d'une par semaine, elle demande à ce que je poursuive les séances d'hypnose, ce que je juge inutile.

Très rapidement, sa demande de séances d'hypnose devient pressante, et elle multiplie les prises de rendez-vous à l'hôpital et insiste pour venir me voir en consultation privée. J'assiste alors à l'apparition d'un transfert massif et brutal qui, par la frustration concomitante, va l'amener à devenir agressive. Armée d'un pistolet à gaz, elle me somme de lui avouer mon amour pour elle. Un soir, elle arrive même à mon cabinet avec « armes et bagages », accompagnée de son mari pour venir vivre avec moi ! Son mari quelque peu désorienté par la situation, dit être au courant de notre « liaison ». Il me fait même remarquer qu'elle n'a jamais été aussi belle, elle a maigri de trente kilos, elle s'occupe de son corps et « s'arrange beaucoup » sur le plan esthétique et vestimentaire. Il est sûr de l'existence d'un amant qui « pourrait être vous, comme elle l'affirme ».

Après deux heures de palabres, ils repartent chez eux sans grande conviction. Le cas du mari participant au *délire* de sa femme est, à plus d'un titre, intéressant dans cette histoire, et on peut se poser la question de savoir s'il ne s'agissait pas d'un « délire à deux ». Au cours de la nuit, une bagarre éclate entre les époux ce qui entraîne l'hospitalisation de Mme G. en urgence en service psychiatrique.

Ce cas illustre le difficile problème de la demande d'une thérapie par hypnose, surtout quand elle est réclamée essentiellement en raison de son caractère « mystérieux » et magique. Il souligne également la possibilité de l'utilisation de l'hypnose comme technique de diagnostic différentiel. Une interrogation demeure cependant : l'effet « curatif » rapide des troubles hallucinatoires par hypnose est-il lié au mode de « pensée magique » de cette patiente ?

Un autre cas clinique de conversion hystérique avec paralysie du bras m'a fait réfléchir sur la capacité des médecins à reconnaître les vertus curatives de l'hypnose.

Une patiente, Mme B., âgée de vingt-cinq ans, d'origine maghrébine, m'est adressée pour avis psychiatrique par le service de rhumatologie où elle est hospitalisée depuis environ deux mois. Elle est venue spécialement d'Algérie afin de se faire traiter en France, car elle souffre d'une « rétraction musculo-tendineuse au niveau de l'articulation du coude du bras droit ». En effet son bras et son avant-bras forment un angle droit qu'il est impossible de redresser.

Les différents traitements rhumatologiques ainsi que

la kinésithérapie n'ayant donné aucun résultat, le service de rhumatologie souhaiterait mon avis avant de la mettre sous antidépresseur.

A l'entretien, la patiente me semble développer un syndrome dépressif typique avec repli sur soi, asthénie, apragmatisme; quasi mutique elle me raconte cependant qu'elle est dans cet état depuis qu'elle a compris « ce qu'être femme voulait dire ». Elle m'apprend qu'elle a deux frères aînés et que sa mère ne fait pratiquement pas attention à elle : « Je ne suis pas un garçon. » Son père, qu'elle aime beaucoup, ne s'occupe pas de ce qui se passe à la maison, et jamais elle n'a pu lui avouer qu'elle était battue et même brûlée avec des mégots de cigarettes par un de ses frères depuis l'âge de neuf ans : « Il m'a battue pratiquement tous les jours pendant des années, je pleurais, je le disais à maman qui menaçait de me battre si je disais quoi que ce soit à mon père. »

Elle me raconte aussi qu'elle a eu, entre sept et neuf ans, une relation incestueuse avec ce frère de quinze ans! A quinze ans, son père a voulu la marier et l'a présentée à un de ses amis de son âge. « Je me suis mariée rapidement, afin d'échapper à mon frère. Je n'aime pas mon mari qui est pourtant bon avec moi; il m'a battue quand il a su que je n'étais plus vierge, mais il ne l'a jamais dit à personne!

« J'ai maintenant trois enfants, mais depuis que je suis paralysée au bras, je ne peux plus rien faire à la maison; alors ils ont décidé de m'envoyer en France pour me faire soigner. »

A ma question de savoir si l'hypnose pourrait l'aider, elle me répond par un large sourire en disant qu'elle « aimerait bien dormir calmement en ne pensant à rien ».

Je la revois quelques jours plus tard pour une première séance d'exploration. La patiente tombe dans un état hypnotique profond, quasi léthargique. Elle ne répond à aucune de mes sollicitations verbales. J'induis un état de bien-être, de calme et, lui prenant le bras, je tente de le redresser. A chaque mouvement, elle fait une grimace de douleur, mais ne sort pas de son état de grande passivité. Pour terminer la séance je lui donne la suggestion posthypnotique suivante : « A la prochaine séance, tout votre corps, y compris votre bras, sera très relaxé et vous arriverez à redresser votre bras. »

Le caractère direct de la suggestion, motivé par la personnalité extrêmement suggestible de cette patiente, est également dû au fait qu'elle repartait chez elle dans une dizaine de jours et qu'il ne lui restait que trois séances.

A la deuxième séance, la transe est à nouveau très profonde, et j'arrive à redresser son bras d'environ cent vingt degrés. Je la réveille en maintenant son bras dans cette position : elle est tout heureuse de cette amélioration et repart dans le service en maintenant sa main droite dans la poche de sa blouse. Dès le lendemain, son rhumatologue me félicite du résultat « très temporaire » obtenu, mais qui « est beaucoup mieux que ce qu'a pu faire le kinésithérapeute en dix séances : à peine cent degrés, mais c'est normal, car il y a rétraction tendineuse ! D'ailleurs, ce matin son bras se rétracte à nouveau, et elle ne peut plus mettre sa main dans sa poche ».

Deux jours plus tard, j'induis une anesthésie du bras, avant de le redresser. Après plusieurs tentatives j'arrive à ramener son bras à cent cinquante degrés. Elle retourne dans le service de rhumatologie avec le bras dans la poche de sa blouse.

Elle revient deux jours plus tard pour sa quatrième séance et à ma grande stupéfaction, elle a le bras droit plâtré à cent vingt degrés ! La séance n'a donc pas lieu. Interrogé, le rhumatologue m'explique que « de toute manière, vous n'allez pas réussir en quelques séances ce que nous n'avons pu faire en deux mois d'hospitalisation ; elle doit repartir bientôt chez elle, alors il vaut mieux qu'elle retourne avec un petit résultat ».

Ce cas illustre parfaitement, me semble-t-il, l'attitude de certains de mes confrères face à l'hypnose et d'une manière plus générale vis-à-vis de la psychiatrie. La négation, non seulement de la possibilité d'une action par le psychisme sur le corps, mais aussi de l'effet thérapeutique de l'hypnose sur un symptôme présentant toutes les caractéristiques d'un trouble somatique, existe encore bel et bien !

Dans d'autres cas de conversion hystérique, l'hypnose semble être une technique de choix devant la difficulté et la lourdeur des autres traitements. L'hypnose apparaît alors comme une thérapie extrêmement efficace et simple à mettre en place.

Ce fut le cas de Mme A, une jeune femme de vingt ans, adressée aux urgences d'un hôpital parisien par un médecin généraliste pour des tremblements importants de tout le corps et l'impossibilité de se tenir debout.

Originaire de l'île Maurice, elle est en métropole depuis neuf mois. Ses antécédents montrent un rhumatisme articulaire aigu pendant l'enfance et une polyarthrite évolutive depuis l'âge de neuf ans avec déformation du poignet droit et des deuxième et troisième doigts de la main gauche. Le traitement comporte la prise d'Indocid, d'Encéphabol et de Laroxyl. Après plusieurs jours d'hospitalisation en service de médecine, on conclut à la non-organicité de ses tremblements qui semblent « d'allure hystérique ».

A l'entretien, la patiente ne verbalise pratiquement pas, et une recrudescence des tremblements est notée à chaque question posée. Devant ces troubles, dont l'origine conversionnelle ne semble faire aucun doute, j'envisage de pratiquer une hypnothérapie. Une seule séance suffit à faire disparaître complètement ses tremblements, et elle réussit à se tenir debout. Pendant les quelques jours d'hospitalisation, une psychothérapie verbale est amorcée avec cette patiente qui est ensuite venue consulter régulièrement.

Dans le domaine des conversions sensorielles, je peux citer plusieurs cas de mutisme (traité par la technique du chuchotement) et de cécité hystérique ayant régressé après une seule séance.

La névrose obsessionnelle

Elle se caractérise par l'intrusion d'idées ou d'actions compulsives dans la pensée du sujet qui a pleinement conscience du caractère morbide de ces phénomènes et lutte constamment pour s'en débarrasser. Des rituels sont ainsi mis en place qui deviennent eux-mêmes obsédants. Certains malades se lavent sans arrêt les mains par peur des microbes ou bien boutonnent puis déboutonnent un certain nombre de fois leur veston en récitant une liste de noms et de chiffres bien précis. Les rituels sont en général très contraignants pour le patient mais aussi pour ses proches. Ils doivent les respecter sous peine de crise.

L'hypnose ne peut malheureusement pas grand-chose pour les obsessionnels tout comme les traitements classiques, antidépresseurs tricycliques et psychanalyse, d'ailleurs. Pourtant les obsessionnels sont en général de bons sujets hypnotisables, mais, la transe induite, il est difficile de trouver des suggestions qui leur conviennent et qui pourraient avoir un effet thérapeutique.

Il semble que la meilleure technique consiste à suggérer à l'obsessionnel le vide de la pensée, comme cela se pratique dans les techniques comportementales.

4. LES DÉPRESSIONS

La dépression se caractérise par un état placé entièrement sous le signe de la négativité et par une baisse anormale et persistante de l'estime de soi.

Les symptômes de la dépression ont été classés par Stern et Mendels (1980) de la façon suivante :

– *affectivité négative :* humeur triste, culpabilité, nervosité, irritabilité ;

– *cognitions négatives :* dépréciation de soi, du monde et de l'avenir, indécision, auto-accusation, baisse de l'estime de soi et désespoir ;

– *motivations négatives :* désintérêt, idées de mort, repli sur soi, apparence négligée ;

– *changements du comportement :* baisse de l'activité, inhibition ou agitation anxieuse ;

– *modifications du système végétatif :* insomnie, perte de l'appétit, amaigrissement, baisse de la libido et somatisations.

La dépression est une pathologie très répandue, elle représente la moitié des admissions dans les services psychiatriques. Statistiquement, 20 % des femmes et 10 % des hommes présenteront un état dépressif grave au cours de leur vie, dont 50 % avant quarante ans. Les couches sociales économiquement faibles, les divorcés et les célibataires seront les plus sévèrement touchés. Si elle n'est pas traitée, une dépression peut durer entre six et treize mois, puis reprendre dans 50 % à 85 % des cas dans les quatre à six mois suivants. C'est dire l'importance de la mise en place d'un traitement chez le dépressif.

Compte tenu du fait que les antidépresseurs et la thérapie cognitive donnent de bons résultats dans plus de trois quarts des cas et qu'ils préviennent les rechutes, l'hypnose n'est pas une technique à proposer d'emblée à un patient dépressif.

Néanmoins, certains patients s'adressent à des hypnothérapeutes afin de se faire traiter à la suite d'un échec médicamenteux ou du fait de leurs effets secondaires. Dans d'autres cas, on assiste à un refus intellectuel de prise de médicaments.

J'accepte alors de les prendre en charge afin d'engager une « psychohypnothérapie ».

Avant de l'entreprendre j'écarte tout risque suicidaire et je m'assure qu'il ne s'agit pas d'une dépression mélancolique endogène (qui est une urgence en psychiatrie). Une induction hypnotique est difficile à mettre en place chez un mélancolique du fait de sa grande inhibition et du sentiment d'échec, de négativité inhérent à sa pathologie. Quand bien même une amélioration de son état serait notée, on risquerait de provoquer une levée de l'inhibition qui entraînerait un passage à l'acte suicidaire.

Je ne prends donc en charge que les sujets qui présentent une dépression réactionnelle ou névrotique et ceux qui refusent de se soumettre à un traitement médicamenteux. Ce qui ne veut pas dire que ceux qui ont un traitement médicamenteux ne peuvent pas suivre une thérapie sous hypnose. Bien au contraire, celle-ci constitue un plus dans la prise en charge du déprimé. L'hypnose est alors présentée comme un traitement adjuvant permettant le développement d'une relation psychothérapique et comme une technique d'exploration du matériel refoulé, grâce à l'hypnoanalyse.

5. LES PSYCHOSES

Étymologiquement, délirer signifie « sortir hors du sillon ». Le délire est une opinion fausse, non conforme à la réalité, à laquelle le sujet croit dur comme fer. L'idée délirante est différente de l'erreur, car elle ne peut être modifiée par autrui et se justifie souvent à l'aide d'une autre idée délirante.

On distingue quatre grandes psychoses chroniques : la schizophrénie, la paranoïa, la psychose hallucinatoire chronique et la paraphrénie.

L'application de la thérapie par hypnose dans les psychoses trouve ses défenseurs et ses détracteurs. Il est vrai que la susceptibilité hypnotique des psychotiques est comparable à celle des sujets normaux et que l'on peut, en dépit de leurs délires, mettre en route une hypnothérapie.

Pour ma part, je préfère m'abstenir. En effet la relation hypnotique peut augmenter leur délire d'influence ainsi que le risque de réactivation d'un moment fécond. L'hypnose pourrait être perçue par le psychotique comme une domination ou une perte de contrôle, ou encore une dépendance qui ne manquera pas de poser des problèmes dans la prise en charge.

Cependant, aux États-Unis, des praticiens avertis, ayant la compétence pour traiter ces mêmes patients par des moyens plus conventionnels (Rosen, Abrams, Alexander, Bowers) l'emploient. Crasilneck estime qu'il est nécessaire que le patient soit hospitalisé pour mettre en route le traitement par hypnose.

Le Suisse Zindel, dans une communication lors d'un congrès international à Paris que j'ai organisé en 1990, a fait part de ses succès thérapeutiques, en soulignant toutefois la nécessité d'un engagement important du thérapeute dans la relation. Dans l'une de ses observations, il explique comment le fait d'avoir raconté à une patiente en état hypnotique les rêves qu'il a pu faire à son propos ont permis une amélioration spectaculaire de son état.

6. HYPNOSE ET PSYCHANALYSE

D'un point de vue historique la psychanalyse est née de l'hypnose et de l'hystérie. Comme nous l'avons vu, Freud a abandonné l'hypnose pour des raisons techniques, bien qu'elle ait été à l'origine de sa découverte du concept de transfert. Cette filiation est restée lettre morte dans la pratique des psychanalystes. Plus près de nous, Lacan en a condamné l'emploi pour des raisons éthiques.

Ce procès fait par la psychanalyse à l'hypnose a été cependant révisé par Ferenczi qui est revenu sur la coupure épistémologique entre la psychanalyse et l'hypnose. Freud lui-même a d'ailleurs rétabli une possible alliance, mais sa tentative n'a jamais été reprise par des disciples qui ont campé sur une position orthodoxe. En témoigne sa déclaration au congrès de Budapest en 1918 : « L'application de notre thérapie à de nombreux malades nous obligera à largement allier l'or pur de l'analyse au cuivre de la suggestion directe, et l'influence hypnotique pourrait même y retrouver une place... »

De nos jours, de plus en plus nombreux sont ceux qui pensent qu'il n'y a pas de conflit entre l'hypnose et les autres techniques psychothérapiques y compris la psychanalyse. Quelques auteurs affirment même qu'une certaine symbiose existe entre les deux disciplines à travers l'hypno-analyse et que les apports de l'analyse sur l'inconscient permettent souvent d'éclairer d'un jour nouveau la situation hypnotique. Les théories psychanalytiques d'explication du phénomène hypnotique comme « un état de régression » et « un état de conscience modifié » sont là pour en témoigner.

Pour une meilleure compréhension du problème, il faut préciser que la psychanalyse comporte trois aspects : une théorie d'explication générale du fonctionnement du psychisme, une technique d'exploration de l'inconscient et un mode de traitement. L'hypnose quant à elle ne prétend pas donner une explication du fonctionnement de la psyché, mais comporte un corpus de techniques d'exploration de l'inconscient bien codifié. En ce qui concerne le troisième aspect, le traitement, la psychanalyse a fait la preuve de son « impuissance », comme l'a lui-même reconnu Freud en 1937 dans *Analyse sans fin et analyse avec fin*, alors que l'hypnose semble donner des résultats thérapeutiques dans bien des domaines, comme me l'a montré ma propre expérience. En effet, les processus de changement en analyse se fondent sur l'interprétation, l'analyse des résistances et la reconstruction en neutralisant toute relation affective par le recours au transfert; l'hypnose, elle, repose sur la relation intensément émotionnelle que l'on nomme empathie. La différence essentielle vient de là et non pas de la mise à l'écart ou non des phénomènes de suggestion qui apparaissent indubitablement dans toute relation psychothérapique.

Par ailleurs, il faut souligner que d'autres phénomènes hypnotiques surgissent lors d'une cure analytique : par exemple, la privation sensorielle entraîne une modification de l'état de conscience avec une légère transe hypnotique sans induction. Cela a pour effet de réduire la marge de différenciation entre les deux techniques, quand bien même les références théoriques ne seraient pas les mêmes.

Kohut dans *How does Analysis Cure?* (1984) considère que « le pas décisif vers la psychanalyse n'a pas été le remplacement de l'hypnose par une technique différente, mais un changement radical dans la psychopathologie qui doit être traitée par le moyen de l'hypnose ». Cela l'amène à distinguer une hypnose non analytique et une hypnose analytique qui étudie le psychisme en profondeur.

Sous quelle forme l'hypnose peut-elle donc s'intégrer à la psychothérapie analytique?

La tentative la plus ambitieuse est représentée par l'hypno-analyse ou ce que je préfère appeler l'hypnothérapie analytique qui constitue une thérapie apte à remplacer la cure tout en l'abrégeant.

Une des tendances actuelles de la psychothérapie est d'obtenir des résultats thérapeutiques en un temps assez court sans pour autant compromettre la qualité des soins apportés.

La coexistence de plusieurs thérapies menées de front est une autre tendance actuelle de la psychothérapie, et il n'est pas rare de voir des traitements analytiques associés à des thérapies chimique, béhavioriste ou hypnotique. C'est ainsi que de nombreux patients en analyse s'adressent à moi afin de « régler » les symptômes qui les dérangent dans leur vie de tous les jours, ce qui correspond à la vocation première de l'hypnose qui est de faire disparaître directement le symptôme.

L'hypnothérapie analytique se réfère ainsi à des techniques qui intègrent l'hypnose à une psychothérapie d'orientation analytique où on utilise la capacité du patient à entrer en transe pour entraîner des changements plus rapides et plus efficients. Cela ne veut pas dire pour autant que l'on essaie à tout prix de réduire le temps de la psychothérapie. Certaines phases sont en effet incompressibles, spécialement celles où se crée et se solidifie la relation intersubjective entre le thérapeute et le patient (on sait que l'empathie est un des paramètres les plus importants dans l'efficacité d'une psychothérapie). En revanche, d'autres phases peuvent être condensées ou accélérées sans que cela ne compromette le déroulement normal du traitement, comme par exemple l'exploration et la découverte des conflits inconscients ou leur résolution. Il en résulte un effet galvanisant qui peut entraîner des changements positifs dans le déroulement de la cure.

L'hypnose est ainsi employée à un stade précoce lors de l'investigation des conflits, en milieu de cure, quand s'effectue la *perlaboration* * et en stade terminal quand on donne des suggestions de renforcement du Moi.

J'ai l'habitude de diviser la séance en partie non hypnotique et hypnotique, celle-ci venant naturellement lors de l'entretien ou à la demande du patient qui désire explorer tel ou tel sentiment ou sensation. Des techniques particulières sont alors utilisées : l'*affect-bridge*, technique de Watkins, ou l'*ego-state*, ou encore les techniques du théâtre ou de la grotte avec le livre de la vie qui sont purement hypno-analytiques.

La pratique occasionnelle de l'hypnose pourrait être un exercice utile à chaque psychothérapeute, car cela lui permettrait de garder sa souplesse, de varier ses attitudes et de ne pas s'ankyloser dans une orthodoxie de cures types.

De plus, la technique hypnotique est si adaptable et modulable qu'elle sert le plus souvent à faciliter les interventions des autres techniques augmentant par là même leur capacité curative. Elle permet également l'accélération de l'établissement de la relation thérapeutique et son intensification en actionnant des courants et contre-courants transférentiels puissants qu'il faut savoir manier et quelquefois endiguer.

J'adopterais donc volontiers l'opinion de Kaufman pour qui l'emploi de l'hypnose n'est ni un anachronisme, ni une fixation, ni une régression par rapport aux méthodes psychothérapiques modernes, mais peut faire l'objet d'une application valable « comme psychothérapie à objectif limité dans le cadre de la psychologie analytique ».

---

* Perlaboration : concept inventé par Freud et qui décrit le travail psychique s'effectuant au cours de l'analyse.

CONCLUSION

Au terme de ce livre, je souhaiterais souligner le fait que bien que, encore entachée de toutes sortes de préjugés mystiques, l'hypnose est de nos jours une technique médicale qui présente un grand intérêt dans le soulagement de nombreuses maladies.

Ainsi, j'espère vous avoir donné quelques éléments pour mieux comprendre ce que représente l'hypnose dans sa pratique. Phénomène de mise en route de processus inconscients par une modification de notre état de conscience, elle se compose, chez le sujet hypnotisé, de plusieurs étapes : une fixation de l'attention, une relaxation, la création d'une attente, une potentialisation de l'imagination, l'existence d'un rapport avec l'hypnotiseur et une conformité à ses suggestions, et enfin un jeu de rôles.

État de conscience particulier, différent de notre état de conscience habituel, l'hypnose nous fait accéder à une communication plus directe, plus étroite, plus perméable à notre corps et à la partie inconsciente de nous-même. Cette communication, en cet état de conscience particulier, nous permet d'intervenir sur notre organisme et de changer ce que nous souhaitons modifier en nous. Cela, grâce à la relation particulière que nous établissons avec l'hypnothérapeute qui nous transmet des *suggestions* que nous acceptons dans un état de *transe*.

De plus, l'hypnose est un *état libéré de l'inconscient* qui favorise chez le sujet un renouveau de la créativité. Pendant la cure, le thérapeute accompagne son patient qui invente de nouveaux comportements et trouve des solutions originales à ses troubles. La thérapie hypnotique n'est ainsi plus considérée comme un état de réceptivité ou de suggestibilité, mais comme un véritable travail actif de la part du patient.

Si le traitement relationnel est en effet connu depuis longtemps sous des appellations diverses, son mode d'action reste encore largement inconnu et mystérieux. Pourtant, le plus important c'est que son efficacité soit clairement établie. Comme l'a dit Read, le père d'une méthode d'accouchement sans douleur :

« L'efficacité de tout médecin dépend de la sûreté de son diagnostic, de la confiance de ses patients et de son *pouvoir de suggestion consciente et inconsciente.* »

Pour ma part, je pense que la technique hypnotique n'est que l'application pratique de ce pouvoir de suggestion au service du patient.

Dernier recours de nombreux patients « qui ont tout essayé en vain », l'hypnose peut bien souvent soigner le corps par l'esprit.

RENSEIGNEMENTS PRATIQUES

En France, il existe actuellement trois courants : celui de L. Chertok qui dispensait son enseignement depuis une quinzaine d'années à l'institut de Médecine Psychosomatique Déjérine, celui des différentes écoles éricksoniennes (Institut Milton Erickson de Paris, de Provence et de Normandie) et celui du Centre de Formation à l'Hypnothérapie que nous dirigeons et qui porte une attention particulière aux applications médicales de l'hypnose.

D'autres associations existent comme l'Institut Français d'Hypnose et l'Institut d'Hypnose Clinique.

Les praticiens de l'hypnose sont réunis en France au sein de *Société Française d'Hypnose* dont le siège se trouve à Paris au 19, Avenue d'Eylau. Téléphone : 47.27.27.48.

Cette association se veut confédérative et regroupe les hypnothérapeutes ayant suivi un cursus universitaire et ayant été formés par une des écoles reconnues.

Elle édite un annuaire qui peut être adressé aux usagers qui en font la demande – moyennant une modique somme – et qui donne tous les renseignements nécessaires sur les thérapeutes : leurs coordonnées, spécialité (psychologue, médecin généraliste ou spécialiste dentiste), mode d'exercice (privé et/ou public), secteur (conventionné ou honoraires libres), la technique d'induction employée (semi-traditionnelle ou éricksonienne), les indications préférentielles etc.

En *Europe*, la *European Society of Hypnosis* regroupe une trentaine d'Associations nationales et compte près de 2 500 membres, elle organise des congrès régulièrement tous les trois ans.

A l'étranger, l'utilisation de l'hypnose en médecine et en dentisterie a beaucoup évolué depuis une vingtaine d'années. Aux États-Unis, l'*Association internationale d'Hypnose Clinique et Expérimentale* et l'*Association Américaine d'Hypnose Clinique* éditent des revues qui sont largement distribuées parmi les psychiatres, médecins, dentistes et psychologues.

L'American Society of Clinical Hypnosis créée en 1957, compte aujourd'hui près de 4 500 membres.

Toutes ces sociétés ont des critères bien spécifiques pour l'admission de leurs membres, la plupart d'entre elles n'admettant que des médecins, des dentistes et des psychologues. Quelques-unes acceptent en leur sein, sous certaines conditions, des paramédicaux (infirmières ou kinésithérapeutes). Elles ont toutes signé une charte éthique donnant à leurs membres la possibilité de travailler dans des conditions clairement définies.

BIBLIOGRAPHIE

ARAOZ D.L. : *The New Hypnosis,* Brunner/Mazel, New York, 1985.

BARBER T.X. : *Hypnosis :* a Scientific Approach, Van Nostrand Reinhold, New York, 1969.

BARRUCAND D. : *Histoire de l'hypnose en France,* P.U.F., Paris, 1967.

BERNHEIM H. : *Hypnotisme, suggestion, psychothérapie,* Doin, Paris, 1891.

BOULE P.I. : *L'Hypnose et la suggestion clinique des maladies internes,* Doin, Paris, 1965.

BOURGEOIS Ph. : « Hypnose et créativité », *Actualités psychiatriques,* 1979, n° 2, 7-11.

CHARCOT J.M. : « Sur les divers états nerveux déterminés par l'hypnotisation chez les hystériques », Comptes rendus hebdomadaires des séances de l'Académie des sciences, 94, 403-405. *Revue de médecine psychosomatique,* 1976, 18, n° 2, 147-161.

CHERTOK L. et SAUSSURE R. de : *Naissance du psychanalyste,* de Mesmer à Freud, Payot, Paris, 1973.

CHERTOK L. : *Le Non-savoir des psy. L'hypnose entre la psychanalyse et la biologie,* Payot, Paris, 1979.

– « Freud et les théories de l'hypnose : histoire et interrogations. » *Revue de médecine psychosomatique,* 1976, 18, n° 2, 147-161.

– *L'Hypnose,* Payot, Paris, 1963.

– (sous la direction de) : *Résurgence de l'hypnose. Une bataille de deux cents ans.* Desclée de Brouwer, Paris, 1984.

CRASILNECK H.B. et HALL J.A. : *Clinical Hypnosis : Principles and Applications,* Grune and Stratton, New York, 1975.

DANTZER R. : *L'Illusion psychosomatique,* Odile Jacob, Paris, 1989.

DE VILLIERS Charles de : *Le Magnétiseur amoureux,* Genève, 1787.

DELEUZE J.P.F. : *Histoire critique du magnétisme animal,* 2e éd., 2 vol., Paris, Berlin, Leprieur, 1819.

ELLENBERGER H.F. : *A la découverte de l'inconscient – histoire de la psychiatrie dynamique,* Simep Éditions, 1974.

ERICKSON M.H. : *The Collected Papers of Milton Erickson on Hypnosis* (4 vol.), E. Rossi ed., New York, Irvington, 1980.

– « Hypnosis its renascence as a treatment modality », *American Journal of Clinical Hypnosis,* 1970, 13, 1971-1989.

FARIA J.C. : *De la cause du sommeil lucide, ou Étude de la nature de l'homme,* tome I, Madame Horiac, Paris, 1819.

FERENCZI S. : « Psychanalyse I », *Œuvres complètes* 1908-1912, Payot, 1968.

FREUD S. : « Hypnose », *Revue de médecine psychosomatique,* 1976, 18, n° 2, 137-145.

– *Psychologie collective et analyse du moi,* traduction française, 1921, « Essais du psychanalyse », Payot, Paris, 1963.

GARDNER G.G. : « Hypnosis with Children : Selected Readings. » *International Journal of Clinical and Experimental Hypnosis,* 1980, 28 (3), 289-293.

GILL M.M. et BRENMAN M. : *Hypnosis and Related States. Psychoanalytical Studies in Regression, International,* Universities Press, New York, 1959.

HILGARD E.R. : « La psychologie expérimentale et l'hypnose », *Revue de médecine psychosomatique,* avril-mai-juin 1968, 10, n° 2, 95-111.

HOAREAU J. : « Place de l'hypnothérapie dans le champ psychothérapique », *Mémoire pour le CES de psychiatrie,* université René Descartes, Paris V, Paris, 1981.

– « L'hypnothérapie en pratique médicale courante », *La Gazette médicale de France,* 1989, n° 38 du 10 décembre 1982.

– « Hypnothérapie », *Encyclopédie médico-chirurgicale,* Paris, Psychiatrie, 3 820 B50, 9-1982.

– « Place de l'hypnose dans le champ psychothérapique. Théories et indications. » *Perspectives psychiatriques II,* n° 91, 1983.

– « Essai de compréhension des mécanismes d'action des suggestions au vu des récentes découvertes en psychoneuro-immunologie », Phoenix, *Revue de nouvelle hypnose et d'hypnothérapie éricksonienne,* 1990, 11, 12, pp. 23-30.

– Hypnose clinique, Masson, Paris, 1992.
JANET P. : *Les Médications psychologiques, études historiques psychologiques et cliniques sur les méthodes de la psychothérapie,* Alcan, Paris, 1919.
KARTAMICHEV E. : *Hypnose et suggestion dans le traitement des maladies de la peau,* Medguiz, Moscou, 1953 (en russe).
KRESS J.-J. : *Situation actuelle de l'hypnose en thérapeutique psychiatrique,* J. Méd. Strasbourg, février 1974, 5, n° 2, 111-116.
KROGER W.S. : *Clinical Experimental Hypnosis in Medecine, Dentristry and Psychology.* J.B. Lippincott Compagny, Philadelphie, 1977.
LAPASSADE G. : *La Transe,* PUF, Paris, 1989.
MALAREWICZ J.A. et GODIN J. : *Milton H. Erickson, de l'hypnose clinique à la psychothérapie stratégique,* ESF, Paris, 1986.
MESMER F.A. : *Mémoire sur la décovuerte du magnétisme animal,* Didot, Paris, 1779.
MICHAUX D. : *Aspects expérimentaux et cliniques de l'hypnose,* Paris, Paris VII, thèse pour le doctorat de 3e cycle ronéotypée, 1982.
ORNE M.T. : « The nature of hypnosis : artefact and essence », *Journal of Abnormal Psychology,* 1959, 58, pp. 277-299.
PAPIS C. : *L'Hypnose autrement,* Chiron, Paris, 1991.
PAVLOV I.P. : « Le Prétendu hypnotisme animal », pp. 370-371, 1921, *Œuvres choisies,* Moscou, Éditions en langues étrangères, 1954.
PUYSEGUR A.-M.-J. de : *Mémoire pour servir à l'histoire et à l'établissement du magnétisme animal,* Paris, Cellot, 1809.
RAGER G.R. – *Hypnose, sophrologie et médecine,* Fayard, Paris, 1973.
ROSEN S. : *Ma voix t'accompagnera. Milton H. Erickson raconte,* Hommes et Groupes éditeurs, Paris, 1986.
ROSSI E.L. : *The Psychobiology of Mind-Body Healing, New Concepts of Therapeutic Hypnosis,* W.W. Norton & Company, Inc. New York, 1986.
ROUSTANG F. : « Suggestion au long cours », *Nouvelle Revue de psychanalyse,* 1978, 18, pp. 169-192.
ROUSTANG F. : *Influence,* Éd. de Minuit, Paris, 1990.
SIMONTON O. MATTEWS-SIMONTON S. et CREIGHTON J. : *Getting well again,* Tarcher, Los Angeles, 1978.
WEITZENHOFFER A.M. : *The Practice of Hypnotism* (2 volumes), John Wiley & Sons, New York, 1990.
ZINDEL Ph. : *L'hypnose 101 ans après,* Communication lors du congrès international, Paris, 1990.

TABLE DES MATIÈRES

DEUXIÈME PARTIE : LA PRATIQUE DE L'HYPNOSE

Cet ouvrage a été réalisé par la
SOCIÉTÉ NOUVELLE FIRMIN-DIDOT
Mesnil-sur-l'Estrée
pour le compte des Éditions Laffont
en décembre 1992

Imprimé en France
Dépôt légal : décembre 1992
N° d'édition : 34366 – N° d'impression : 21950